Витко Златковић
ПРОЈЕКАТ

Уредник
НОВИЦА ТАДИЋ

Рецензент
ГОЈКО БОЖОВИЋ

На корицама портал са слике
Благовести Паола Веронезеа, (16. век)

ВИТКО ЗЛАТКОВИЋ

ПРОЈЕКАТ

ДВОДЕЛНИ ПРИКАЗ ЈЕДНОГ УМОРСТВА ИЗВРШЕНОГ ПОСРЕДСТВОМ МАСМЕДИЈА

РАД

Медији су свемоћни
                    Ален Капон

*...интриге могу да
изазову експлозију
веће разорне моћи
    од бомбе*
                    Данило Киш

ПРЕ ПОЧЕТКА

Догоди ли се какав инцидент а извињење виновника или знаци смиривања изостану, упутно је – предострожности ради – верно прибележити битне чињенице. Бар њих. Оне без чијег познавања није могуће реконструисати целину ствари.

У мом случају реч 'инцидент' преслаба је, готово безвредна. Зло ми се догодило. Зло – а на видику никакво добро, никаквог знака, или бар наговештаја, промене набоље. Напротив. Зато почињем са белешкама.[1] Не само о такозваним битним чи-

---

[1] Своје белешке Теодор – Тео Зарић, пензионисани судија Вишег суда, водио је у двема свескама већег формата. На корицама једне од њих писало је 'Јужна свеска', на корицама друге 'Северна свеска'.

С јужне стране Теове куће и плаца налази се централни градски трг, уједно најатрактивнији у Граду. Садржину Јужне свеске чине описи догађаја који су из темеља изменили његов и живот његове породице. Сви ти догађаји зачињали су се и одвијали с те, јужне стране. Отуда, вероватно, и назив ове свеске.

Напротив, са северне, дворишне стране, налази се врт са узвишењем у дубини. Цео простор тог узвишења испуњен је обиљем свакојаког растиња, а у првом реду високим зеленилом које упија градску буку. Место, дакле, погодно за одмор, интелектуални рад, одлучивање. И заиста, странице Северне свеске претежно су испуњене уопштавањима и размишљањима старог судије о томе како да изађе на крај са оним што га је снашло, шта је узрок томе, и тако даље.

На садржини тих свезака – садржини унеколико преобликованој местимичним благим захватима и књижевним

њеницама, већ о свакој појединости која не промакне мојој пажњи. Многе појединости – позната је истина – наоко безначајне у време догађања или нотирања, неретко своју праву вредност покажу тек кад се о догађају суди. А о ономе што је мени и мојој породици почело да се догађа, једном ће се, ако до задовољавајућег исхода не дође, свакако судити.

Неколико дана сам у закашњењу. Ни на који начин томе нисам допринео: толико времена било ми је неопходно да се снађем и, од разорног дејства снажног потреса, бар мало опоравим. Да бих могао да почнем то што почињем. Зато ћу, најпре, морати да се ослоним на сећање у настојању да надокнадим пропуштено. Тек потом, настави ли се ово, наставићу тамо где будем стао. У сваком случају, догађаји и све што их прати, убудуће ни за јоту не би смели да измакну ажурности моје оловке. Затребаће ми то свакако – осим ако се, у међувремену, некакво чудо не догоди.

дорадама, укључујуци одбир и размештај граде – почива први део овог приказа. Други део не. Подаци за други део прикупљени су на другој страни. Први део је због тога писан у првом а други у трећем лицу.

ПРВИ ДЕО
СУДИЈУ КАМЕНУЈУ

ПРВА КАМЕНИЦА

Догодило се то у центру Града, срединой дана, сунчаног и, за ово доба године, мало претоплог. Неки човек, не тако млад, намерно гађајући, каменицом ме је погодио у главу. Истина, могуће је да каменица није била намењена мени већ мојој седамнаестогодишњој ћерки – али зар је то важно.

Као у току више претходних, и овога поднева био сам изашао у двориште да, од коровских биљака у надирању, плевим свој лане засејани травњак. Након што сам га оплевио и средио позади куће, сада је то требало да урадим с њене предње стране, на делу према градском тргу и улици.

Приближно у исто време моја ћерка Жанка обично се враћала са својих преподневних вежби балета. Сваки пут би се зауставила близу мене да ме поздрави и да погледа, као да не зна, шта ја то радим. Не једном, ових последњих дана, стајала је тако поред мене, док сам ја, најчешће из чучећег става, пунио шаке дивљим овсом, пиревином и маслачком, и мој рад коментарисала на свој посебан начин: упоређивала баратање мојих прстију међу влатима траве са игром прстију којима, током представе у луткарском позоришту, луткар повлачи конце повезане са луткама-извођачима на отвореној малој сцени; или са покретима прстију госпође Димитријевићке, асистентице њеног кореографа, док, у току појединих балетских секвенци, пребира по диркама клавира. Тако је, из угла свог света балета и музике, она гледала на моју борбу против корова. Нисмо је, без разлога, њена мајка и ја од најранијег детињства прозвали 'наша мала балерина', нити је, без разлога, тако, понекад, и дан-данас називамо међу собом. Од својих првих корака почела је да учи балет и имала нашу подршку да буде балерина. Чак и онда, када су се наше жеље и планови изменили а та подршка изостала, она је, једном опредељена, остала при свом избору. Бављење балетом био је њен коначни животни позив. Сада је сигурно била, ако не прва, а оно, свакако, међу првим балеринама Града.

У исто, дакле, време као претходних дана приступио сам задатом послу решен да га, и сам засићен њиме, најзад окончам. Јер, досадио ми је тај, у неку руку неозбиљан подухват, (Од корова се плеве поврће и друге корисне биљке, а не трава по којој ће се газити), иако сам на њему трошио само по око два сата дневно да бих остало време посветио другим рационалнијим пословима и стварима. Сем тога, тешко ми је падало то непрестано сагињање тела, чучећи став, од кога трну и коче се ножни зглобови и мишићи, а после усправљања ми се врти у глави. Прсти, а нарочито палац и кажипрст, како леве тако и десне руке, десне поготову, били су ми већ од првог дана у тој мери обојени тамно-мрком бојом порекла од биљних пигмената, да никаквим прањем и средствима нисам успевао да је одстраним. Могућно да ми је због тога, колико јуче, с нескривеном сетом у гласу, моја супруга Вера рекла: „Благо онима тамо горе. Завидим им." Гледала је и покретима главе показивала на удаљене, груписане по блоковима, зграде за масовно становање с друге стране градског трга, чије су фасаде, као саћем, биле начичкане лођама и малим балконима. На по неком од тих отвора могла се, ако се вид добро напрегне, овде-онде уочити по која људска главица прикована уз заштитну металну ограду. Њима је Вера 'завидела'. „Нити копају, нити сеју, па, разуме се, немају од корова шта да плеве. Не прљају се. А кад им је до травњака и зеленила, сиђу доле и одшетају до најближег парка. Зеленила колико хоћеш."

Пошто је било топло, главу сам од сунца заштитио сламним шеширом широког обода. Почео сам жустрије но иначе, и то уз саму живицу која, у правој линији, двориште одваја од улице. Та живица, осим функције коју свака ограда има – заштита од непожељних упада – штитила нас је, својом густином и висином, и од уличне вреве и погледа радозналаца. Радећи, једног момента сам чуо, из правца одакле се Жанка обично враћала кући, некакав груб, не сасвим артикулисан узвик. Била је то само једна, мушким гласом узвикнута реч. Ја сам јој дао значење 'курва'. У некој другој прилици, у неко друго а не у време када је Жанка требало да се појави, то не би богзна колико привукло моју пажњу. Схватио бих тај груби узвик као део уличних догађања у која, разумљиво, нисам био рад да се мешам. Овом приликом, међутим, из руке бацих прегршт почупаног дивљег овса и усправих се у настојању да, изнад горњег руба живице, видим шта се догађа на улици. Наравно, због висине живице то није било могуће али, док сам то покушавао, до ува ми допре најпре нешто као женски врисак, а потом звуци убрзаног, све бржег и бржег лупкања женских потпетица по плочнику. С главе збацих сламни шешир и потрчах према капији. У моменту када сам, наглим трзајем, широм отворио металну вратницу намењену за пролаз пешака и закорачио према плочнику, Жанка ме, налетевши трком на мене, готово сруши. Истовремено – Жанка је већ била иза мене – осетио сам јак ударац у десну страну главе. Да којим случајем у том тренутку левом руком нисам био ослоњен на бетонски носач пешачке вратнице, тешко да бих се одржао на ногама. Пао бих. Овако, после првог шока, чинило ми се да могу не само да стојим, већ и да се крећем.

Одступање под датим околностима, нисам сматрао целисходним, поготову не храбрим чином.

Кретање напред било би права лудост. Остао сам у положају и на месту где сам се затекао. Десну ногу, којом сам већ био искорачио на плочник, с напором сам и даље држао тамо. Тај полуискорак био ми је добродошао како бих, неометан од лишћа живице, могао да осмотрим улични простор са своје леве, оне стране одакле је претходно дошла Жанка и где су се, претпостављао сам, још увек морали налазити нападачи. Главу сам једног тренутка нагло окренуо у том правцу како бих, пре него стигну да се склоне, могао да их видим. И заиста, лица која су била разлог тог окретаја а потом и напрезања мог, сада већ посусталог вида, налазила су се још увек ту, на месту на коме је требало да се налазе, испред мене, на неких десетак, петнаестак, можда двадесетак метара – сама процена растојања била ми је јако отежана – али су се некако мрешкала, борала и треперила, чак повремено севала као, сметњама опхрвана, слика на неисправном ТВ екрану. Чуо сам нешто слично смеху, боље рећи смејуљењу. Ипак, био сам упоран, хтео сам добро да их видим, као да ћу тиме одагнати бол са свог чела. Гледао сам и даље на ту страну, не обазирући се на тај смех, то смејуљење. Пршљенови искренутог врата, почели су да ме жигају и коче се.

Најзад, као да сам снагом свога хтења одагнао измаглицу и зауставио мрешкање и треперење на екрану, циљани ликови се уобличише и препустише моме оку. Успео сам да их видим, добро осмотрим. Један се тип посебно истицао својом висином и издуженим кошчатим лицем. Стајао је испред осталих, најближе мени. Из тога сам закључио да је он хитнуо ону каменицу. Од осталих се, осим висином, разликовао истетовираном птицом у лету на својој десној подлактици коју је, окретањем руке, једног момента покушао да прикрије. Повремено су му се, синхроно са гласом, засветлуцали зуби, на основу чега сам закључио да се то он смејуљио. Осим њега, било их је још троје, можда четворо, и сви су изазивачки гледали према мени.

Мада ме је, као правника по струци, један јак унутрашњи глас упозоравао: „Савладај се, не дај им адуте за суд!", један други, глас годинама држан под печатом судијске заклетве, тада провали из мог грла и запара простор изнад градског трга: „Хуље, битанге, злочинци, пробисвети. Платићете ви за ово!" При том сам се, за сваки случај, левом руком још увек придржавао за бетонски стуб капије, а десном, мало уздигнутом, као да у њој држим диригентску палицу и самом себи диригујем, узмахивао у ритму својих речи.

Потом се сагнух. Више пипајући но гледајући, некако сам успео да, на тлу крај својих ногу, пронађем каменицу којом сам повређен. „Показаћу ја њима", рекох док сам је узимао и трпао у леви џеп својих радних панталона. „Видеће они ко је и шта зна Теодор – Тео Зарић." Чак ни сада, док ово записујем, не бих могао да кажем коме сам то рекао. Међутим, сада знам – онда тога нисам био свестан – да, изговарајући све те речи, нисам имао шездесеттри, колико ми је година стварно. Било ми је – као да угроженост поништава минуле деценије – не више од петнаест. Можда десет. Ипак, нисам поменуо, иако ме је нешто вукло да то учиним, своју титулу судије Вишег суда. Добро што нисам; сада бих се и због тога осећао нелагодно. Уосталом, од пензионисања, пре годину и нешто дана, та ми титула, званично бар, и није више припадала.

Тек тада, дуж десне стране лица осетио сам неку врсту непријатног голицања. Вид на десном оку нагло је почео да ми се мути. Зато коракнух назад како бих се, у случају да паднем, нашао на свом 'терену'. Махинално руком додирнух образ и кад сам погледао шаку видео сам да ми са прстију капље крв. Рана је, схватих, увелико крварила. Иако сам снажно дрхтао, успео сам да хитро из десног џепа панталона извучем марамицу и, док сам је приносио лицу, угледах, сада већ само левим оком, како бетонском стазом из правца куће трче, напред Вера а за њом Жанка. Говорећи: „Шта су ти то урадили злочинци ?" Вера ми из руке готово оте марамицу и снажно је притисну на повређено место. Није било времена да и она погледа и – тамо напољу – види 'злочинце' које је помињала. Притискајући једном руком марамицу на мом лицу, другом ме ухвати око паса. Жанка ју је следила. Придржавајући ме, једна с леве а друга са десне стране, њих две ме поведоше према кући. Узалуд сам се опирао и захтевао да ме пусте. Понављао сам узастопце: „Могу сам", „Ма шта вам је, женске главе", „Пустите ме", и томе слично. Говорио сам то иако нисам био сигуран у своју способност да се самостално крећем. Једноставно, бојао сам се кукњаве и паничења. Желео сам да их утешим и охрабрим. Срећом, оне су, Вера поготово, игнорисале моје 'јуначење.' Док се не нађох опружен на кожној софи у дневној соби, не оставише ме на миру.

Потом сам чуо Веру како, из предсобља, преко телефона зове Хируршко одељење. Чини ми се да је то дуго трајало. Било је неких неспоразума с људима с друге стране везе, јер Вера је инсистирала да разговара лично са начелником, нашим старим знанцем, доктором Прокићем. За то време ја сам, из лежећег положаја, полуотвореним левим оком видео поред себе, на самој ивици софе, своју ћерку. На глаткој површини њених образа пресијавале су се сузе. У једнаким размацима, трзала се у раменима у настојању да пригуши и тако од мене прикрије јецаје који као да су се откидали од њеног нејаког тела. Узалуд – јер ја сам осећао како, у ритму тих трзаја, подрхтава софа на којој лежим. Она је, изгледа, од своје мајке задужена да притиском марамице на моју слепоочницу не дозволи одлив крви из свеже ране. Тај задатак је, по мом суду, исувише ревносно обављала:

чинило ми се да ме је више болео њен притисак но сама рана.

Коначно, Вера нагло отвори врата од собе и, не улазећи овамо, у журби рече: „Доктор Прокић неће да чује да те пребацимо до болнице да би ти тамо санирао повреду. Уместо тога – својим колима креће овамо. Понеће неопходне инструменте и материјал. Ја ћу му асистирати. Наредио је да се, до његовог доласка, не помераш. Ако је нешто озбиљније – каже – сâм ће те пребацити на Хируршко. Ја одох да отворим колску капију. Вас двоје останите тако. Одмах се враћам."

Иначе, Вера је, мада далеко млађа од мене, пензионисана скоро у исто време кад и ја. По струци виша медицинска сестра, свој непотпуни радни век, у целини проведен у болници, окончала је као инвалид рада прве категорије: због учесталих бурних алергијских реакција на мирисе асептичких, хигијенских и неких других медицинских материјала и средстава (без чије је примене функционисање болнице незамисливо), морала је у пензију. Својих последњих пет година рада провела је као главна медицинска сестра на Хируршком одељењу на чијем челу је цело то време био доктор Прокић.

Када је у Вериној пратњи ушао овамо, доктор није крио забринутост и журбу: мој случај захтевао је брзу интервенцију. Пошто своју повећу ташну стави на сто, уз истовремено издавање неких упутстава Вери, приђе до софе на којој сам лежао и, нагнувши се нада мном, упита: „Како вам је?" Истовремено, у знак поздрава и подршке, стегну ми десну руку која је почивала на софи. Одговорих да ми је у овом тренутку добро и почех да му се захваљујем што је нашао за потребно да лично дође и ... „Не о томе", прекиде ме. „Не сада. Кажите ми да ли сте имали несвестицу? Да ли вас повреда жига? Чупа? Пробада? Пулсира? Да ли осећате, или сте осећали неку другу, непоменуту врсту бола?"

Рачунајући од тренутка када ме је каменица погодила у десну слепоочницу, доживео сам много тога што није било предмет докторовог интересовања. Истина, доживео сам и све оно о чему ме је он питао, али и далеко више од тога. Тешко ми је да то опишем. Доживео сам, поред осталог, чак и дечачку мржњу према нападачима, мрачну жељу за осветом, бес одраслог мушкарца спремног на узвраћање равном мером. Далеко теже ми је, међутим, пао доживљај осећања немоћи старог, човека у мојим годинама, поготову када сам, из правца одакле је стигла каменица, зачуо смех. Нека горчина ми је у том тренутку, терајући ме на повраћање, захватила најпре усне, па непце, целу усну дупљу, грло, желудац, и разлила се по целом телу. Почео сам снажно да се тресем.

Ипак, када бих према доктору хтео да будем сасвим искрен, морао бих да му опишем, ако бих то уопште могао, осећање бола које је, укључујући сва претходна, у себи садржавало и нешто ново: стид; посрамљеност због онога што ми је приређено. Себи нисам умео да објасним зашто, али мене је, далеко више од физичког бола, прожимао стид због овог догађаја. Упркос снажном, свесном отпору томе, идентификовао сам се са једном старом професорком географије у пензији, прогрушане седе косе – случај који сам некада пресудио – брутално силоване од двојице младих људи који би, по годинама, могли да јој буду синови, ако не и унуци. Стари судија у пензији, који је цео свој живот посветио борби против таквих ствари, сада је, у мојој свести – као да је о некој другој личности реч – био та јадна, стара, силована жена! Како да ми се то догоди?, питао сам се, као да сам ја лично непосредни виновник жалосног догађаја. Чинило ми се, бар до тренутка када сам се нашао опружен на софи, да би због тог бола-стида рад срца изненада могао да ми откаже.

„Па добро", чух меки докторов глас, „ако вам је тешко, ништа не морате одговорити." Значи, у себи сам закључио, тај племенити човек подуже је чекао на мој одговор. Зато збрзах: „Мало ми се у првом тренутку вртело у глави", преплитао сам језиком, „али сам остао на ногама. А што се осталог тиче, осећао сам, и сад осећам, по мало од свега тога: и пробадање, и чупање, и жигање. И не знам шта све не још." Пошто ме саслуша, доктор се усправи и руком Вери даде знак да рад може да почне. Истовремено, објасни Жанки да ће најбоље бити да пређе у другу собу и да се отуд не враћа док је не позовемо.

Када је све било завршено а ја гледао на оба ока – на десном наткриљеним завојем – доктор ми рече: „Рана вам нимало није наивна. Али ни тако опасна како би се на први поглед дало закључити. Оштећена вам је десна надочна артерија. Отуда онолика навала крви. Истина, оштећење није тако велико, али артерија је артерија. То оштећење педантно сам санирао. У сваком случају, вашем организму потребан је мир да би повреда што пре и што боље зацелила. А под миром, као што свакако знате, не подразумева се само мир тела, већ, у првом реду, мир и опуштање душе. Психичко опуштање. Наредних дана, дакле, ма шта се око догађало, не би ваљало да се узбуђујете", завршио је, благо се осмехујући.

* * *

НАПОМЕНА: Поразговарати са Жанком. Страх се увукао у њену душу. Неколико дана није ишла на балетске вежбе. Телефоном се јавила кореографу и слагала га да је изненадна прехлада разлог њеног одсуствовања. Објаснити јој да се у животу и овакве ствари догађају. Да је испод стакленог звона у коме је до сада боравила морала кад-тад да изађе; да ово што се догодило треба да је челичи а не деморалише. Да управо зато мора да буде још упорнија и храбрија у својим вежбама. Нека они, који су – ако су – на овај начин хтели да је зауставе на њеном путу, схвате да пред собом имају, истина сасвим младу, али веома јаку личност.

* * *

ЗАДАТАК: Разрешити дилему: коме је каменица била намењена – Жанки или мени? Добро процени следеће чињеничне околности: а) Жанка се свакодневно, у исто време, враћа са преподневних вежби балета, и б) Ја данима плевим травњак, што се са лођа и балкона на солитерима с друге стране трга, види као на длану. Из дана у дан све сам ближи огради, да бих критичног дана био уз њу саму. Посматрач из солитера, дакле, види мој положај, што путем мобилног телефона, или на други начин, лако може дојавити својим саучесницима на градском тргу. Отуда је могуће да је вређање Жанке био само начин којим су ме нападачи измамили пред капију да би...Међутим, не треба сметнути с ума ни нагли Жанкин успон ка врху балетске сцене. Неко, можда, жели да је омете на том путу. Поготову што предстоји Фестивал лепих игара на коме ће најбоље балерине Града одмеравати своја умећа.

* * *

ИМАЈ НА УМУ: Ако – могућно – туђа рука управља спољним догађајима, не дозволи да управља твојим писањем. Ослободи га повишене тензије и емоција. Не заборави на разлоге због којих ово бележиш. Ако си почео да 'снимаш' и појединости, не расплињуј се. Не дозволи да због њих меритум ствари остане у сенци и нејасан. Експонажу, бленду, даљину – кад већ говориш језиком фотографа – подеси према главној ствари.

* * *

ПАЖЊА: На шта ме подсећа тетоважа птице на десној подлактици типа који се смејуљио? Да ли смо се нас двојица некад и негде срели? Из доба мог судовања? О томе неодложно поразмисли.

ПРВА ВЕСТ. ДЕМАНТИ

Догађај пред кућом старог судије био је повод да о њему, после дуже паузе, поново буде речи у новинама. Поново – јер је моје име, пре него што сам пензионисан, у њима овда-онда помињано. Догађало се то искључиво у вези са неким у оно време актуелним криминалним случајевима у чијем кривично-правном разрешењу сам учествовао, најчешће као председник или, ређе, као члан првостепеног или другостепеног судског кривичног већа. Објављујући у јавним гласилима извештаје о тим процесима, новинари су скоро редовно наводили и ко председава судским већем. Тако се ранијих година и моје име повлачило по новинама а да ја томе ни на који начин, осим обављањем послова свога позива, нисам доприносио. (Међу тим предметима, поред већине незанимљивих широј јавности, било је и оних који су, понекад, задирали до самог врха градског естаблишмента, као, на пример, једна корупционашка или једна афера са противзаконитим изнајмљивањем градског земљишта на дужи рок, и тако даље.)

Овога пута, међутим, то је било сасвим друге природе и, очигледно, са сасвим другим циљем.

Горњи део сталне рубрике *Актуелно ћоше* булеварског али (можда зато) веома тиражног листа *Призма*, већ сутрадан пошто сам повређен, био је испуњен фотографијом моје куће снимљене са растојања довољног да се, сем њене чеоне фасаде и крова, види и део живе ограде са улазном капијом.

Пратећи текст под насловом *Опасна живица,* не садржи, истина, моје име нити адресу куће, али у Граду нема човека који, на основу саме слике, не би знао о којој кући, па према томе и о ком кућевласнику се ради. Иако знатно премаша простор заузет фотографијом, у том тексту нема ни речи о кући која је на њој представљена. Очигледно, предмет објављене вести није била кућа са фотографије, већ њен власник.

„Тај господин", каже се у тексту, „наш некада угледни грађанин, нашао је, после пензионисања, себи добру забаву: оградио се од осталог света живом оградом" – уистину, постојећа жива ограда старија је од моје пензије не мање од десет година – „да би са оне стране мотрио на пролазнике и повремено, као што је то учинио јуче..." Следио је смушени приказ догађаја према коме сам ја, неочекивано за случајне пролазнике, истрчао на капију и почео да их вређам изразима који нису за новине. Затим сам се сагнуо и узео једну каменицу којом сам, наводно, хтео неког да гађам, да бих се предомислио и стрпао је у цеп – ваљда за каснију употребу. „Ако вас на ту страну случајно пут нанесе", гласила је завршна реченица ове необичне вести, „будите обазриви наћете ли се у близини куће и живице с наше фотографије."

Наравно да сам реаговао.

Учинио сам то одмах иако су ми у глави још одзвањале, претходног дана изговорене, речи доктора Прокића да ми је за брже оздрављење потребан мир и душевно опуштање ма шта се около догађало. Уосталом, и да сам их био сметнуо с ума, Вера је била ту да ме подсећа на њих. „Мани се писања", љутила се видећи како припремам папир и оловку. „Ти добро знаш шта ти је саветовао доктор. Његова мора да се слуша, шта било да било. Најважније је да ти оздравиш, а времена за одговор новинама биће и касније." И свежа рана на мом челу, придруживала се њеним опоменама: подмуклим кљуцањем и притајеним боловима упозоравала ме је да мирујем ако себи желим добро. Узалуд. Не чекајући да се охладим и приберем, сачинио сам одговор и насловио га главном и одговорном уреднику *Призме*. Позивајући се на одредбе Закона о информисању, захтевао сам да буде објављен одмах по пријему, на истој (трећој) страни на којој је била објављена фотографија са оспораваним текстом.

„Ако треба да се изјасним", писао сам поред осталог, „који ме је удар теже погодио, онај изазван каменицом што ми је пробила надочну артерију, или овај нанет објављивањем вашег текста са фотографијом моје куће и 'опасне ограде', без двоумљења одговарам: каменица је дејствовала у једном правцу и тренутно, а ваша 'информација' – изазвавши хаос у мојој кући – као експлозија пројектила чије пуњење је 'обогаћено' радиоактивним материјалом како би, уз примарно, имала и друго, одложно, дакле будуће, погубно дејство на погођеном простору."

Последње речи, резиме су онога што ми је о овој проблематици рекао доктор Жежељ, одраније ми добро познати судски вештак за експлозивне и друге направе и материјале сличне намене. Консултовао сам га путем телефона како ми се не би десило да, упоређујући дејство тенденциозних информација са експлозивом – што ми је била намера – изрекнем неку глупост. Деманти сам завршио упитном реченицом: „Питам се да ли је такво писање вашег листа у функцији извештавања јавности о ономе што се заиста догодило, или логистичке припреме за нечији будући напад на моју кућу?"

Тог истог дана, негде предвече, мој одговор је био на столу уредника *Призме*: Вера га је, упркос свог противљења да га одмах пишем, пошто сам га већ био написао однела и лично предала у редакцију. Оправдано смо очекивали – шта бисмо друго? – да већ сутрадан, или за дан-два најкасније, буде објављен.

Тако би, замишљао сам, паралелно са зарашћивањем оне на челу, текла санација и ове друге, за мене далеко комплексније и зато теже ране. Нисам се, међутим, заваравао да је тиме – предајом и очекиваним објављивањем демантија – мој посао био завршен. Још много тога имало је да се уради да би се ствари вратиле на своје старо место.

* * *

Вера свакако још није била стигла до редакције *Призме* а из Вишег суда ме, телефоном, позва мој стари, добри колега, Радомир-Раша Марковић, истражни судија. Када је – објасни – данас по подне, поводом неке хитне истражне радње, дошао у канцеларију, на свом столу затекао је *Призму,* отворену на страни на којој му је пала у очи слика моје куће. Прочитао је текст чланка и пита шта се то збило. Исцрпљен писањем демантија, са тешким боловима у глави, укратко му описах догађај од јуче. Раша је огорчен. „Тај ударац у твоје чело, доживљавам као ударац у своју седу главу. А објављивање у новинама ове прљаве вести, као шегачење са Правосуђем. Осећам, чујем преко телефона, да једва дишеш. Од мене, засада, само толико. Чујемо се ускоро. Слушај докторов савет, одмарај се и не узбуђуј."

ПОТРАГА ЗА ИМЕНОМ

Док сам се одмарао у фотељи, сутрадан после предаје демантија *Призми,* у сећање ми се, неочекивано, врати тетовирани силеџија – на оптуженичкој клупи. Одала га је птица у лету на његовој десној подлактици. Одговарао је, заједно са својим помагачем, због кривичног дела силовања. Ја сам председавао кривичним већем Вишег суда.

Случај је био доста необичан, готово невероватан: из препуног аутобуса за јавни путнички превоз, наочиглед њеног оца и бројних путника, оптужени је, више на превару но силом, изгурао на задња врата младу девојку и, нешто касније, ту, поред пута, брутално силовао. Искористио је тренутак заустављања возила на једној од успутних станица на далекој периферији Града. Када су путници који су били на вратима – међу њима и жртва – ослобађали пролаз онима који силазе, силеџија је погурнуо оштећену ван возила, изашавши и сам за њом, како би, наводно, направио пролаз осталима. Истог момента, возач аутобуса дао је пун гас. Узалуд је млада девојка запомагала, узалуд њен отац од возача захтевао, преклињући га, да заустави возило. Узалуд – јер све се одвијало по сценарију, унапред припремљеном од стране тетовираног силеџије и возача аутобуса.

Осим ових, сетио сам се и многих других детаља тога случаја, детаља који ми сада нису значили много. Оних битних – имена и презимена силеџије, или, бар, године пресуђења – нисам могао да се сетим. А без имена и презимена није могуће прибавити његову адресу која је, са тим именом, услов за подношење кривичне тужбе суду. Након краткотг колебања, нагло устадох и са базе на зиду у предсобљу узех слушалицу бежичног телефона. Вративши се фотељи, на тастатури укуцах кућни број Тонке Филиповић, управитељке кривичне писарнице Вишег суда.

До мог одласка у пензију Тонка и ја смо били савршени сарадници на послу, који смо, свако у свом делокругу, заједнички обављали. Та дивна жена, 'жена компјутер' – како смо је у шали са искреним симпатијама у суду понекад звали – благе нарави, увек осмехнута и предусретљива према сваком, држала је – то је прави израз – у својој глави цео регистар кривичних списа, па је гломазна и тешка књига у коју су завођени, била, бар што се оних актуелних тиче, сасвим излишна. Насупрот томе, или, можда, управо стога, за њен живот се све друго могло рећи осим да је био срећан: седамнаест својих најбољих година – сада јој је било око четрдесет пет – посветила је човеку заљубљеном у једрилице. Пратећи га узастопце са једног на други аеромитинг, у нади да ће га својим супарницама преотети и с њим засновати породицу, доживела је да га, на њене очи, једна од њих са собом однесе право у смрт. Од тада је живела сама не допуштајући себи ни помисао на могућност избора неког другог животног сапутника.

Иако смо се, после мог одласка у пензију, само два или три пута сасвим случајно видели и чули – последњи пут доста давно – одлучио сам да је узнемирим. Случај силовања младе девојке био је, због своје необичности, својевремено свима у суду добро знан. И сама Тонка, иако је од онда прошло много времена, мора да га се још увек сећа и да, захваљујући својој феноменалној меморији, памти личне податке оптуженог. На основу тога, у Секретаријату за послове безбедности прибавио бих његову адресу и, коначно, могао да приступим писању тужбе поводом најновијег недела.

„Судија, ви сте?" на моје 'хало', чуло се из слушалице питање и пре него сам стигао да се представим. Тонкин глас ми је звучао некако забринуто. „Откад се нисмо чули, добро што сте се јавили."

„Стари сарадници, да не кажем пријатељи, требало би и чешће да се чују а не само кад се нађу у невољи", рекох. Заустих да на себе преузмем кривицу због таквог стања ствари, али ме она прекиде:

„Знам", рече. „Неко ми је подметнуо те новине за које једва да сам чула. Прочитала сам чланак. Видела слику ваше куће. Претпостављам како се осећате. Само онај ко вас не познаје може да поверује у такве лажи. Кад бих на неки начин могла да вам помогнем..."

„Можете, госпођице Тонка, можете", једва дочеках. „Зато сам звао."

„Само реците, судија. Мени ће бити не само драго, већ и част да за вас учиним нешто."

„Пре него што вам кажем шта желим, дозволите да вас вратим у прошлост, даљу или далеку, не знам тачно. У сваком случају ону када сам, као судија у првостепеном већу, судио починиоцима најтежих кривичних дела." Укратко јој испричах оно што сам, у вези са силовањем младе девојке, пре тога обновио у сећању. „Тог се случаја *морате* сећати", инсистирао сам, „ма колико времена да је од онда прошло. Сами сте, као и многи други, били потресени судбином жртве и њеног беспомоћног оца. Сећате ли се?"

Сећала се случаја као таквог, али нејасно, из чега закључује да је спис архивиран веома давно. „Оптужени би", рече, „чак и да сте му изрекли максималну затворску казну – што, с обзиром на тежину дела, није искључено – сигурно већ био на слободи..."

„Хвала вам", прекинуо сам је, „неизмерно вам хвала. Ето видите, сами сте ме навели на починиоца тог кривичног дела. Сами сте рекли да је сигурно на слободи. Па *јесте,* на слободи је и у томе је разлог што вас узнемиравам. Он је један од оних 'случајних' пролазника кога сам, наводно, вређао у близини своје капије. Желим да вам кажем да ми је, у тренутку док са вама водим овај разговор, глава у завојима због повреде коју ми је, намерно баченом каменицом, управо он нанео пре него што сам иједну реч изговорио. О томе у новинама, тим новинама које сте читали, нема ништа. Као да је њихов уредник, или аутор чланка, у служби тог напасника."

Био сам се узбудио током говорења, што ми, пред Тонком, није приличило. Знала ме је као стабилну, истина емотивну али јаку личност, која никада не 'пада у ватру'. Није ми било свеједно да ли ће и као таквог да ме упозна. Стога ми њено 'О, боже, о, боже', које у једном даху спонтано изговори, добродође да се тргнем и наставим мирнијим тоном и у блажем ритму: „Сада, верујем, можете бар донекле да схватите положај у коме се налазим. Неопходно је да себе и своју породицу, што пре и што ефикасније, заштитим од тог силеџије. Јер, ко ми гарантује да већ сутра, према неком из моје куће, неће потегнути нову каменицу. Како да га у томе спречим кад ја, Тонка, његово име и презиме не знам, а о адреси да и не говорим. Кога Секретаријату за безбедност да пријавим, кога суду за нанету ми телесну повреду да тужим? Кад бих бар дошао до његовог имена и презимена, за адресу бих потом лако."

Своје 'О, боже, о, боже', Тонка је, у наставку мога јадања, поновила још два пута да би ме, осетно потрешена, на крају, са искреним саучешћем у гласу, упитала: „И шта ми предлажете, како да вам помогнем? Све што је у мојој моћи учинићу. Реците само."

Рекао сам шта сам имао. Поменух њену феноменалну меморију захваљујући којој она, вероватно, памти име и презиме личности која је предмет нашег разговора.

„Нажалост", сетним гласом одговори она, „прецењујете моје способности. Да је реч о случају скоријег датума, од пре годину-две, на пример, проблема сигурно не би било. Овако, тешко ћу, на овај начин, моћи да вам помогнем."

Доћи до архивираног судског предмета на чијем је омоту исписано име за којим трагам, а не знати то име или годину архивирања, било је, знао сам, само теоретски могуће. Она ми ипак обећа, мада то од ње нисам тражио, да већ сутра, и током наредних дана, покуша да у архиви суда пронађе спис и из њега узме тражене податке. „Ако у томе будем успела, што је мало вероватно, те податке ћу вам на неки начин накнадно доставити", рече сасвим тихо, као кривац који признаје кривицу али не жели да то чује неко трећи. Тренутак – и моја метафора постаде стварност. „Гризла би ме, судија, савест", додаде, „ако вам не бих рекла оно што ћу вам сада рећи. Одавно је требало да вам то кажем." Заћута на тренутак па упита: „Ви се свакако сећате адвоката Миленка Божића?"

Сећао сам се тога човека, као и већине других с којима сам по природи свога посла сарађивао. Међу колегама, како адвокатима тако и судијама, није уживао добар глас. У обављању своје професије неретко се служио триковима, немотивисаном галамом и довођењем у заблуду. На тај начин прикривао је своју правну запуштеност и, често, слабо познавање заступане ствари. Знало се да је у блиским односима с неким људима из буловарске штампе, што му је омогућавало бесплатну, иначе недозвољену рекламу преко медија у виду хвалоспева његовим успесима у, понекад, безначајним заступањима.

„Пре више месеци", настави Тонка, „господин Божић је био у судском земљишно-књижном одељењу надлежном за вашу општину. Том приликом је, исправу по исправу, пажљиво разгледао збирку докумената која се односи на вашу непокретну имовину. На крају је захтевао и добио њихове оверене преписе."

„Јавне књиге и исправе *јавне* су по закону", рекох. „Свако има право да у њих врши увид и отуда прибавља преписе за које је заинтересован. Тако нешто је поготову могуће адвокатима. Зашто би адвокат Божић од тога био изузет?"

„Кад ви на то гледате тако, онда би морало да је тако", рече и ја чух њен уздах. „На тај ме начин ослобађате осећања кривице које ме је последњих месеци прогонило зато што вам то нисам јавила одмах. Сад ми је лакше. Ипак, дозволите да вам још нешто кажем. Кад ми је, пре неколико месеци, колегиница из земљишно-књижног цео случај испричала – а сигурно то не би учинила нити би јој било шта пало у очи, да се не ради о *вашој* кући која је, уз то, сан многих скоројевића – кад ми је то испричала и ја сам, мање-више, резоновала као и ви сада. Међутим, од онда, то сазнање је у мојој глави непрестано постављало све нова и нова питања. Зашто би, на пример, адвокат Божић радио тај посао без неког одређеног циља? Тек онако. Из досаде. Посао који је сам по себи непривлачан, да не кажем: досадан. Циљ, дакле, мора да постоји. Питање је само: који? По чијој наруџбини је адвокат Божић то радио? Као да неко, кријући то од вас, нешто планира са вашом кућом и плацем." Уследила је кратка пауза, уздах, а затим: „Ето, то сам још хтела да вам кажем. Не замерите ми због оволике сумњичавости на све и сваког. Вероватно да ме је живот таквом учинио. Извините што се мешам у ваше личне ствари. Као да ви сами нисте у стању да сагледате смисао поступка адвоката Божића и, ако треба, заштитите своје интересе."

„Немојте, Тонка, молим вас", рекох. „Уместо да се ја вама извињавам што вам својим проблемима одузимам време, ви се извињавате мени. Хвала на свему што сте ми рекли. У овом тренутку, међутим, најважније је да сазнам како се зове и презива напасник који ме је повредио. Успете ли да до тих података дођете и јавите ми их, бићу ваш вечити дужник."

Обећала је да ће све учинити да испуни моју молбу. Оног тренутка кад, и ако, тражене податке сазна, јавиће ми се. „Не могу вам описати колику сте ми част овим позивом учинили", рече на крају. „Зар да се мени неко обраћа за помоћ? Ја, дакле, још увек нешто значим. И не само то. Од мене се очекује да будем од помоћи. И то – коме? Највећем човеку кога сам у свом животу упознала. Хвала вам, неизмерно вам хвала. Слободно ме позовите опет, ако вам нешто затреба. Било шта. Јер вама ће, после оваквог написа у новинама – дај, боже, да се моје слутње не остваре – вероватно још затребати нека помоћ."

* * *

Десетак минута пошто сам завршио разговор са Тонком, телефоном ме из Суда позва Марко Цветковић, колега с којим сам често радио у истом судском већу. Укратко сам му – због тога ме је звао – испричао шта ми се догодило. Озлојеђен је колико на тетовираног силеџију, још више на новине које су то у кривом светлу представиле. „То не сме остати некажњено", рече. „Ни тај силеџија, ни новинар који је чланак уприличио, а, богме, ни уредник који је дозволио да се, без провере, за једног часног човека објави тако нешто, нико, апсолутно нико, не сме да прође без последица. За почетак, одмах напиши и тим новинама достави свој деманти, јер то је услов да их, сутра, тужиш."
„Написао сам га и већ предао", рекох крајњим напором снаге: претходни са Тонком, и овај разговор са Марком, били су ме исцрпли сасвим.

* * *

А након једног сата, још један телефонски позив. Опет из Суда. Срећом, Јаков-Јаша Јеремић, некада редовни члан кривичног већа петорице којим сам председавао, као да је знао за мој претходни умор, сачекао је да добро 'данем душом', да би ме, осетно узбуђеним гласом, упитао: „Зар је могуће, Тео, да ти се деси то што сам овде малочас чуо и видео у тим назовиновинама?" „Десило се, Јашо, као што си чуо. Повређен сам. Глава ми је у завојима. Доктор ми је наредио да се одмарам и не излажем узбуђењу", био сам кратак као у телеграму. „Чујем те, осећам како, реч по реч, једва говориш. Зато више нећу да те задржавам. Али, да знаш, Тео, твој Јаша ће лично пронаћи ту птицу која је у новинама ствар онако представила. Као да Град не зна ко је Теодор-Тео Зарић, и чиме се до *јуче* он бавио. Лично ћу га пронаћи и рећи му да је...да је... знам већ шта ћу му рећи. А онај, који се на тебе бацио и повредио те каменицом – где ли је на асфалту, у центру Града наће? – да знаш да потиче из истог гнезда као и та *птица*. И уредник, главни и одговорни, сигурно с њима у исту тикву дува. Ништа се данас случајно не догађа. Одмарај се, Тео. Прилегни мало. Све ће на крају доћи на своје место?"

НОВА КАМЕНИЦА

(Фрагмент из Јужне свеске)
Белешка број 3

Јутрос је бачена још једна каменица. Управо сам се налазио у купатилу кад нешто као да пуче а потом зачангрља по црепу на крову куће. Док сам се обукао и истрчао напоље, све је било завршено. Нигде никог.

Из дела дворишта према западном суседу види се, у осмом реду полазећи од олука, а на средини реда, један преполовљен цреп. Нешто ниже, из водоравне олучне цеви, штрчи увис шиљак повеће каменице којом је свакако цреп разбијен.

Добро је што је Вера била у продавници да купи хлеб и млеко па се у том тренутку није затекла овде да чује тај одвратни тресак. Иначе, тешко да бих могао да је умирим. Још се од прве каменице није опоравила а, ево, сада и нове. Брине ме како да од ње сачувам 'тајну', тиме и њен већ нарушени душевни мир.

Жанка, срећом, има добар јутарњи сан – ништа није чула. Она пред мајком сигурно не би успела да сакрије узбуђење због оног што се догодило у њеном одсуству.

Већ сутра, како знам и умем, мораћу да извршим замену сломљеног здравим црепом. Срећом да имам резерве на тавану. Али, како да онај камен извадим из олука а да Вера не сазна о чему се ради?

ЛАВЉА ШАПА И АЈКУЛИН ЗУБ

(Фрагмент из Јужне свеске)
Белешка број 5

Две нове каменице. Повеће. Прва се чула у тренутку кад смо Вера и ја почели с доручком, друга нешто касније, кад смо устајали од стола. Обе ударилe у зид с десне стране улазних врата. Можда је циљ био стакло на вратима, ко зна. Незнатна огреботина на фасади. Вера, зачудо, остаде мирна, као да се ништа није догодило. Али само наизглед, јер је приликом ударца прве, испустила кашичицу којом је мешала белу кафу. Најпре сам покушао да јој сугерирам да је то „опет нека *саобраћајка* с ломом шофершајбне." Она, међутим, не гледајући у мене већ у флеку од беле кафе, само рече: „Знам шта је. Немој ме правити дететом."

Доручак нисмо прекидали нити сам помишљао да истог тренутка трчим напоље као прошли пут. Не умем да објасним зашто. Можда из страха да ме исти или неки други гађач не погоди новом каменицом?

Али када сам, после доручка, изашао, имао сам шта да видим: две каменице, обе исте црвенкасте боје, од којих једна неодољиво подсећа на предњу лављу шапу, а друга, мада није глатка и бела, на предњи ајкулин зуб.

Куда с њима? Што се прве, оне којом сам повређен тиче, јасно да морам да је чувам: корпора деликти. Шта са следећима, са другом (коју сам, уз помоћ мердевина, на једвите јаде успео да извадим из олука), са овима од данас? Да ли и њих чувати? А шта ако их буде још, много више? Како их и где чувати и сачувати а да се при том зна неки ред међу њима? Спадају ли и оне у корпора деликти и поводом кога дела? Ко се има сматрати његовим починиоцем: новинари *Призме* (подстрекачи?), или, као непосредни извршиоци, гађачи који су их овамо убацили? Њихов идентитет?

Ако до судског 'разрачунавања' дође – а све се креће у том правцу – имаћу на главном претресу шта да покажем: лављу шапу и ајкулин зуб. Нека се зна шта све, каква све чуда, једна, и то само једна, лажна информација са собом носи и може да донесе.

Много је разлога да их назовем 'децом' (а што не 'финалним производом') *Призминих* неодговорних новинара. Ипак, боље да оне – каменице – а не нове лажне информације, буду њихова 'деца'.

ОДЈЕК И ОДЈЕКА ОДЈЕК

Уместо да свој деманти угледам на страницама *Призме* – што сам из дана у дан с нестрпљењем очекивао – доживео сам да демантовану *информацију* поново угледам у дневној штампи.

Продавачица у киоску недалеко од моје куће, Мирјана Н, која је према мени, као старом, бившем судији и сталном купцу, уз то и 'суседу', увек била предусретљива и пуна поштовања, јутрос ми, са новинама које редовно читам, у руке тутну и два примерка неких листова. „Не морате их платити", рече полугласно. „Прегледајте их кући па ми их вратите, а ако одлучите да их задржите, платићете сутра."

Дневни листови *Вектор* и *Спрега,* у рубрикама намењеним преузимању информација из других новина, објавили су вест из *Призме* од чијег се дејства још увек нисмо смирили. Вектор ју је, у рубрици *Преузето од других*, објавио у целини, без икаквих коментара и додавања. Тако су грађани, који не читају *Призму,* или који су из неког разлога пропустили да фамозни број свога листа купе на време, имали прилику да сазнају у чему је то њихов некада угледни суграђанин „...после пензионисања нашао добру забаву."

Спрега је нови, тек покренути лист. Колико синоћ, са ТВ екрана сам чуо рекламу којом се читаоцима сугерише да *Спрега осигурава спрегу са најобавештенијим центрима у Граду*. У рубрици *Одјек с коментаром*, овај лист је информацију *Призме* о догађају пред мојом капијом узео као повод за властито сагледавање ствари. Та *информација* укратко је препричана, уз нагласак на она места која су за мене најнеповољнија. Потом је дата њена 'критичка' оцена. *Призми* се замера што ствари „увија у обланду", „не иде до краја", чиме се „игра жмурке са читаоцима жељних истините, отворене и потпуне информације." „Зашто *Призма* прећуткује пуно име и презиме човека који је тако ниско пао и који својим падом угрожава мирне грађане?" кључно је питање које поставља *Стрега*. „Зашто, бар, није наведена његова бивша функција коју је обављао до пензионисања, како би људи могли да сагледају димензије тога пада?" закључује се.

Наравно, одлучио сам да ове новине задржим: био је то изврсни материјални доказ о учинку демантоване *Призмине* назовиинформације. Ако деманти не објави, уз тужбу коју ћу против тог листа морати да поднесем, свакако ћу да приложим и примерке ова два 'одјека'.

Оба листа сам ставио у најнижу фиоку свог радног стола, испод неких старих докумената, како случајно не би дошли Вери у руке. Надао сам се да ћу, на тај начин, успети да спречим да и она доживи оно што сам, читајући их, ја доживео. Жанка поготову не би смела да сазна за овако нешто. Као да прва *Призмина* лажна вест, пре тога, није у мојој кући 'одјекнула' ударцима већег броја, са улице бачених каменица. Како сам сада, скривајући *Вектора* и *Стрегу* и од себе самог, могао да се надам да 'одјек одјека' неће уследити?

Почело је негде предвече, у време, срећом, када је Жанка била на својим поподневним балетским вежбама. У ствари, то није почело као што, рецимо, почиње олуја – да почне, да се истутњи па да престане. Најпре је – случајно сам то спазио – преко ограде прелетела и на метар-два од пешачке стазе пала у траву једна мања каменица. Стајао сам крај прозора, на око пола метра удаљен од њега. Завеса је била спуштена. Нисам се померао. Чекао сам. Шта? Ваљда, нову каменицу. Али уместо каменице, чуо сам неке узвике. Не сувише јаке да би их Вера, која је била у кухињи, као такве могла чути и схватити. Њихова природа упућивала је на закључак да нису од оних којима се људи, млади поготову, на градском тргу дозивају међу собом. Иако речи нисам јасно чуо и разумео, оне су, по мојој процени, мени биле намењене. Неко је, схватио сам, правио алузију на моје бивше судовање. Јер, у оном што сам чуо, дале су се наслутити речи 'судија', 'правда', 'казна'. Док сам се бавио одгонетањем тога, долете још једна, овога пута већа каменица. Пала је недалеко од кућног тротоара а непосредно испод прозора иза којег сам се налазио. Због тога нисам могао да је видим. Иако сигуран да због висине живе ограде и завесе која ме је заклањала са улице не могу бити уочен, за сваки случај повукох се још један корак према средини собе.

Прошло је, можда, петнаестак минута а да се у међувремену ништа није догодило. Моје очекивање бивало је све више бесмислено, ако је и до тада имало неки смисао. Живот на градском тргу и улици као да се враћао свом свакодневном току. Чинило ми се, ипак, да је граја шетача и пролазника нешто већа од уобичајене. То, међутим, није морало ништа да значи. Догађало се и раније да, понекад, тамо напоље људи загаламе, огласе се бучније но иначе, као да их, под утицајем атмосферског притиска, временских промена, шта ли, запљусне талас који њихово расположење разлије тргом и улицама, па, наравно, прелије и преко живе ограде испред моје куће. Али сада – сада ме је та граја забрињавала. Не зато што је, сама по себи, била интензивнија и гласнија од претходних, већ због њеног подударања са даном у коме су чак два листа објавила 'одјеке' прве лажне информације. Од дејства тих 'одјека' сам страховао. Зато сам наставио да, за сваки случај, и даље 'дежурам', стојећи непомично на средини дневне собе.

Покушавам да се сетим и других мисли које су ме том приликом опседале, ако су мисли, у сенци догођаја које сам слутио, уопште могле бити логичне и представљати неку противтежу тим догађајима. Нисам, једноставно, знао шта да предузмем, како да поступим да бих предупредио очекивано насиље. Да позовем полицију? Била би то чиста бесмислица. Најављено трепћућим плавим светлима, приспеће полицијског возила пред моју кућу, уз евентуалну употребу звучног сигнала, било би добар повод за забаву већине докодних шетача и пролазника, који би, после тога, током ововечерње шетње имали шта да причају међу собом. Уосталом, ко је тај изгредник против кога би полицајци требало да интервенишу? Да ли бих на неког могао да покажем прстом? Закључак би могао бити да је пензионисани судија заиста сасвим излапео и да је *Призма* са својом првом вешћу била у праву. Све у свему, представа са неизвесним исходом који би, што је најгоре, лако могао пасти у време кад Жанка треба да се врати кући.

Или изаћи напоље и полако, корак по корак, кренути пешачком стазом према капији? Суочити се с тим људима. Којим људима? Да ли ће они, у тренутку мог приближавања, гледати наовамо, или се правити да сасвим случајно стоје ту где стоје — што је њихово право, уосталом? Шта ако неко, као случајно, узвикне увредљив израз на мој рачун? Како реаговати? Јер, тај се узвик, као, може односити на било кога другог а не на мене. Једино, ако би наовамо, полетела и ударила ме нека каменица...Све се сводило на закључак да је најбоље остати у соби и чекати. При том, молити Бога да се то, ако већ мора, догоди што пре. Одмах. У сваком случају да се оконча пре него што Жанка стигне кући.

Као покренут снагом мојих мисли, напад је тада почео пуним интензитетом. Добро се сећам да је најпре пукло стакло на окну оставе. Невелико, истина, али је звук био тако јак да сам га, ваљда заваран ударима претходних двеју каменица, доживео као експлозију неке мање бомбе. „Теодоре, Теодоре", истох тренутка чух Веру из предсобља. Као да је унапред знала шта ће се догодити, благовремено се нашла близу мене. Глас јој је био на ивици панике. „Шта то би?" питала је док сам отварао врата од собе. Али, уместо мог одговора, сада смо, обоје, били принуђени да, ћутећи, пратимо како серија нових каменица бубњи, тутњи, удара, било по фасади куће (један погодак у вертикалну олучну цев посебно јако је одјекнуо), било по гранама дрвећа около ње. То није трајало дуго, али било је довољно интензивно да сам, по окончању, остао без својих планираних 'логичних' објашњења. Стајао сам уз Веру, овлаш је придржавајући десном руком за раме. Налазили смо се уз отворена врата између предсобља и дневне собе. Да су та врата била затворена, осим оног треска у олучну цев, не бисмо, верујем, ништа чули. Овако, не само да смо чули, већ смо кроз прозор видели како поједине каменице лете и падају око наше куће.

Знао сам да је напад завршен. Не умем да објасним на основу чега, али се сећам да сам знао. Загрлио сам Веру и повео је у правцу кухиње. Ако је требало да поразговарамо о ономе што нам се догодило, да јој кажем неку реч утехе и објашњења, или да она мени то каже, кухиња је била најпогодније место за то. Међутим, сада је било најважније уклонити трагове минулог напада пре него што се Жанка врати, а то, пре свега, значи покупити и негде склонити каменице које се на први поглед дају уочити. Срећом – ако тој речи овде има места – Вера је претходно била започела нови размештај кухињског прибора и потрепштина њиховим премештањем из једних у друге ормариће. Део тога стајао је нераспоређен поред судопере на доњим кухињским елементима. Ваљало јој је да заврши полуобављени посао. Заокупљена њиме, мање ће бити у прилици, док јој се опет не придружим, да пати због оног што нам се догодило. Истовремено, ја ћу да скупљам каменице и уклањам друге трагове минулог догађаја.

Намеравао сам да почнем од оставе. Рачунао сам да ћу тамо затећи много стакленог срча и био спреман да га почистим заједно са каменицом која је, веровао сам, упала унутра. На срећу, ништа од тога: стакло је, истина, с краја на крај имало две искошене напрслине и траг на месту првог контакта с каменицом, али ништа више. Гађање са улице није ни могло да проузрокује теже последице: погодак је једино могућ само под, за разбијање неповољним, веома оштрим углом. Каменица је, дакле, уместо у остави, упркос снажном треску, склизнула површином стакла направивши оне две напрслине, и завршила напољу.

За предвиђени посао припремио сам две пластичне кофе, које су ми служиле за радове у башти и врту, па са једном, већом, пошао да га обавим. Намеравао сам да се, кад њу напуним, вратим по ону другу. Већ при првим корацима на простору са западне стране куће, који сам сматрао главним поприштем напада, уверио сам се да мој, а свакако и Верин доживљај бубњања, тутњаве и удaрaња, током трајања тог напада, ни издалека није одговарао ономе што се догодило у стварности. Као да је нашим доживљајима доминирала логика множења а не сабирања. Рачунао сам да је, током каменовања, бачено и око наше куће пало најмање двадесетак, ако не и далеко више каменица. Међутим, након пажљивог претраживања целог терена са западне и предње стране куће, у мојој кофи се нашло не више од девет каменица средње величине, урачунавајући ту и оне две које су овамо приспеле док сам био сâм у соби. Од оштећења, на згради је постојало само незнатно улубљење вертикалног одводног олука, и ништа више. Било је, ту и тамо, по неког листа, са дрвећа откинутог ударцима каменица. Пажљиво сам их покупио, наме, мање ће бити у прилици, док јој се опет не придружим, да пати због оног што нам се догодило. Истовремено, ја ћу да скупљам каменице и уклањам друге трагове минулог догађаја.

Намеравао сам да почнем од оставе. Рачунао сам да ћу тамо затећи много стакленог срча и био спреман да га почистим заједно са каменицом која је, веровао сам, упала унутра. На срећу, ништа од тога: стакло је, истина, с краја на крај имало две искошене напрслине и траг на месту првог контакта с каменицом, али ништа више. Гађање са улице није ни могло да проузрокује теже последице: погодак је једино могућ само под, за разбијање неповољним, веома оштрим углом. Каменица је, дакле, уместо у остави, упркос снажном треску, склизнула површином стакла направивши оне две напрслине, и завршила напољу.

За предвиђени посао припремио сам две пластичне кофе, које су ми служиле за радове у башти и врту, па са једном, већом, пошао да га обазим. Намеравао сам да се, кад њу напуним, вратим по ону другу. Већ при првим корацима на простору са западне стране куће, који сам сматрао главним поприштем напада, уверио сам се да мој, а свакако и Верин доживљај бубњања, тутњаве и ударања, током трајања тог напада, ни издалека није одговарао ономе што се догодило у стварности. Као да е нашим доживљајима доминирала логика множења а не сабирања. Рачунао сам да је, током каменовања, бачено и око наше куће пало најмање двадесетак, ако не и далеко више каменица. Међутим, након пажљивог претраживања целог терена са западне и предње стране куће, у мојој кофи се нашло не више од девет каменица средње величине, урачунавајући ту и оне две које су овамо приспеле док сам био сâм у соби. Од оштећења, на згради је постојало само незнатно улубљење вертикалног одводног олука, и ништа више. Било е, ту и тамо, по неког листа, са дрвећа откинутог ударцима каменица. Пажљиво сам их покупио, на-

ПРИЈАТЕЉ (I)

Данашњи групни напад био је повод да ме, тек што сам завршио са уклањањем трагова, телефоном из Вишег суда опет позове Радосав-Раша Марковић. Од једног члана своје истражне екипе, који је на путу за суд прошао поред моје куће, сазнао је шта се овде догађало. „Побогу, Тео", упита узбуђеним гласом, „да ли је могуће то што ми овај човек каже?"

Откако га знам, а то је не мање од двадесет година, Раша је радио као истражни судија Вишег суда, ни једног момента не показујући жељу да тај напоран, за честе одласке на терен везан посао, замени за неки други, на пример рад у другостепеном кривичном већу. Изразити индивидуалиста и жива, динамична личност, није био склон кабинетском, или раду у судском већу. Последњих петнаестак година пре него што сам пензионисан, моја канцеларија била је недалеко од Истражног одељења које заузима посебан блок Судске зграде. Тим Одељењем руководио је и још увек руководи Раша. Просторна близина на радном месту, зближила нас је и у приватном животу. С посла смо најчешће одлазили заједно а понекад се, кад Раша није дежурао, виђали и узајамно посећивали и после подне или нерадним даном.

На постављено питање потврдно одговорих. Штавише, испричах о неким појединачним, раније извршеним бацањима каменица на моју кућу. Поменух, илустрације ради, лављу шапу и ајкулин зуб.

„То више не смеш да дозволиш", био је категоричан Раша. „Зар један, макар и пензионисани судија, да буде 'каменован'? Чија је то идеја? Ко је смислио тај архаични, одвратни начин понижавања – да не кажем кажњавања – човека који је до јуче седео за судијским столом? Зар је могуће да једна лажна вест има толику разорну моћ и да та моћ тако дуго траје? И, откуд у центру Града каменица? Ко их доноси тамо? Какви су то људи који се служе њима? У томе ја видим – јесам ли ти то већ рекао? – симболику, срачунату на понижавање свих нас који радимо у Правосуђу. Морамо то да спречимо, Тео. Одмах ћу Секретаријату за послове безбедности поставити захтев да те узме у заштиту. Одмах. Из ових стопа."

„На који би ме начин, Рашо, они успешно могли заштитити?" упитах, малтене ироничним тоном, јер одговор ми је унапред био познат.

„На који други но одређивањем једног, евентуално двојице, униформисаних полицајаца који би на тротоару пред твојом кућом, већ самим својим присуством, били довољна гаранција да нико од пролазника или шетача не учини нешто што би твој и мир твоје породице могло да угрози."

Категорично одбих предлог. „То је оно, Рашо – стража пред мојим домом! – што никако не смем да дозволим. Јер, коме полиција чува мир док му га новине ускраћују, тај мира неће имати. Таква заштита би ме, ако медији не одустану од своје хајке, више но злонамерне информације изоловала из средине у којој живим и извргла њеном подсмеху. То би највише допринело да своју кућу будзашто што пре продам и, за миран живот своје породице, потражим неки други, скромнији кутак у Граду."

Раша је био изненађен, скоро шокиран, мојим одбијањем: чуо сам га како, узбуђен, дубоко дише. „Па добро", коначно рече, „ако си толико против униформи, може се удесити да ти људи тамо буду у цивилу. То ником не би пало у очи, а твој мир би био обезбеђен."

„Чуј, Рашо," рекох одлучно, „пре ћу дозволити да овде, на прагу своје куће, од масе лажним вестима подстакнуте и разјарене, до смрти будем каменован – нећу бити ни први ни последњи – но да, на неодређено време и под сумњивим околностима, прихватим заштиту полиције."

„Дозволи да ти објасним", попустљивим гласом рече Раша. „За вечерас сам, због светлосних услова под којима је извршено, заказао реконструкцију догађаја поводом једног тешког кривичног дела. Окривљени је у притвору. Људи чекају на мене. Зато журим. Прихвати стога, бар као први корак, то што ти предлажем и од ноћас ћеш бити миран. А накнадно можемо да видимо како би изгледао други корак и шта нам ваља чинити даље."

„Не дозволи, Рашо, да те истражна екипа чека. Ти си по својој тачности познат. То што сам ти, у вези заштите моје породице рекао, остаће како сам рекао. Но добро, о свему томе, кад већ инсистираш, у некој бољој прилици, можемо још да разговарамо."

ШУГАВО КУЧЕ

Ако преко Јелене нисам успео, мало је било изгледа да име тетовираног нападача сазнам на некој другој страни. Секретаријат за послове безбедности у својој обимној криминалистичкој евиденцији има, истина, детаљне податке о сваком осуђиваном лицу па, дакле, и о њему, али та се евиденција води према критеријуму имена и презимена, управо онога што мени недостаје. Тако се, наизглед, круг затварао, али ја нисам губио наду. Веровао сам да ће Тонка, на неки од начина које ми је у телефонском разговору сама поменула, или који ће јој накнадно пасти на памет (на пример, додатним активирањем своје феноменалне меморије), доћи до основних података о њему и јавити ми их.

Када сам, тако, са телефонском слушалицом пред собом, намеравао да је још једном узнемирим и потсетим на постојећи проблем, моју руку у покрету, кажипрст усмерен на укључно дугме, заустави друга, женска рука, која изрони однекуд иза мене. Била је то Жанка. У њеним очима слутио сам страх.

„Шта", упитах, „шта се догодило?"

„Куче. Неко гадно куче", с напором изговори, скоро процвили она. Испруженом руком показивала је према врту.

Приближих се прозору покушавајући да одатле видим то чудо које ју је престравило. Узалуд – из овог угла мом погледу није био доступан део дворишта у чијем правцу је циљао њен кажипрст; али видело се нешто друго: да је пешачка вратница, широм отворена. Схватио сам да ју је неко од пролазника, или намерника, заглавио а потом унутра увео, ако не угурао, некаквог пса скитницу.

„Пас?" упитах.

„Не пас. Џукела. Неко шугаво, ружно, црно куче."

– Ах, ту смо – одахнух и пођох напоље.

Џукац је, дрхтурећи, спуштене главе стајао приљубљен уз саму ограду иза куће. Бар десетак струка нежног, вижљастог драгољуба, уништио је док се ту завлачио. Узео сам брезову метлу са дугом дршком и, уз Верину помоћ – Жанка се није мешала – успео да га некако одвојим од ограде и, буквално, изгурам до пред кућу. Повремено би залајао као да кашљуца, и зацвилио како то само болестан пас уме. Међутим, када смо били наспрам капије, седам-осам метара од ње, (пешачка вратница још увек је стајала широм отворена), џукчев отпор постаде несавладив. Било је очигледно да на улицу, на јавну површину где га сви гоне и шутирају, неће ни по коју цену, прихватајући могућност да овде, ма како немилосрдан био, то чини само један. Псећи инстинкт, упркос болести или управо због ње, био је непогрешив: само у оквирима ове ограде и близини ове куће, има изгледа да оздрави или да се, не дај боже, на миру опрости од свог псећег живота.

Једини начин да га се отарасим био је да га узмем у наручје (ако је то уопште било изводљиво) и изнесем на тротоар а капију, пошто га оставим напољу, затворим за њим. Не могу да се сетим шта смо том приликом Вера и ја све рекли једно другом, али је резултат тог дијалога, жучнијег од свих досадашњих, био зачуђујући: одлучио сам да га задржим и да га лечим.

Док смо се са псом тако – имао је, као јаре, неку врсту мале брадице, што га је чинило доста ружним али, можда управо стога, на неки мени необјашњив начин, и симпатичним – док смо се са њим и око њега прегањали и убеђивали, пред капијом се беше скупило доста људи. Међу њима сам, у магновењу, регистровао чак и севање неког блица, мада је био ведар и сунчан дан па је снимање могло да се обавља и без тога. Испред свих, уз саму капију, гурала су се деца. Можда су, не сећам се, управо дечји гласови и сугестије допринели оваквој одлуци. Сигурно да је међу посматрачима био и неко од оних ко нам је приредио ову згоду, али је још сигурније да није могао претпоставити да ћу шугавог пса 'усвојити'.

* * *

ЗАДАТАК: Одмах позвати ветеринара! Тај је пас – зваћу га Гара – у тако јадном стању, да му је потребна хитна помоћ. Неопходно је све предузети за његов спас. Охрабрује чињеница да је у сласт појео скоро литар млека удробљеног хлебом. Ваљда ће се извући уз помоћ неге и одговарајућег лечења које ми ветеринар препоручи.

ЈОШ НЕШТО: Набавити – купити бар једну добру књигу о неговању и обуци паса. Питати ветеринара – коју?

НАЈЗАД: Одмах с тавана скинути неколико дасака, које тамо имам богзна откад, и приступити изради кућице за Гару.

СВЕСКА МАТЕРИЈАЛНИХ ДОКАЗА

Недуго после Северне свеске и Јужне свеске, купио сам и почео да водим још једну свеску. Намеравао сам да у њој евидентирам материјалне доказе о догађајима око моје куће. Зато сам је назвао Свеска материјалних доказа. Прве две свеске наменио сам *себи,* белешкама личне природе, док би се Свеска материјалних доказа могла наћи и у рукама Суда кад, и ако, дође време да је употребим за сврху коју сам јој наменио.

Најпре каменица којом сам повређен, па лекарско уверење о тој повреди, па трећа страница *Призме* са *оном* фотогрфијом и *оним* текстом, па... Да каменице нису биле тако бројне међу предметима и документима који су добили својство материјалних доказа поводом догађаја око моје куће, потреба за оваквом евиденцијом сигурно се не би јавила. Да бих сачувао какав-такав мир у себи, морао сам да успоставим и педантно одржавам ред око себе. То се у првом реду тицало успостављања реда међу овим предметима, каменицама пре свега. Скоро да ме је збунила њихова бројност. Нашао сам се у дилеми да ли да их, без икаквог реда, трпам негде позади куће, дакле бацам на гомилу – што је било најједноставније али и најлакомисленије – или да их скупљам и евидентирам, дакле чувам за евентуалну каснију употребу у доказном поступку пред судом. Да овој свесци, укључујући ту и прве две свеске, нисам поклонио део свог времена и пажње, ко зна како бих на започете догађаје реаговао. Можда бих – бивши судија – каменицама почео да узвраћам на каменице.

Али за овај корак постојао је и један други добар разлог, можда важнији од претходног. Неко би рекао: професионална деформација. За мене – то је био зов професије којој припадам. Искуство са појединим кривичним случајевима, стечено током многих година судовања, не једном ми је потврдило да обиље доказа и података материјалној истини и правилном пресуђењу не може да шкоди. Напротив, њихово помањкање најчешће је било разлог већини судских заблуда кроз историју правосуђа. Ако због вишка доказног материјала некога може да заболи глава, десиће се то страни која је била непоштена.

Свеска је имала формат ђачке вежбанке. Њену прву страницу оставио сам празну да бих на наредним двема, узимајући их као целину – дакле, на другој и трећој, па на четвртој и петој, и тако редом – у седам уцртаних рубрика убележавао податке које сам сматрао важним.

Тако сам, осим редног броја појединачно за сваки материјални доказ (најчешће каменицу), у одговарајуће рубрике уписивао: време кад ми је доказ дошао до руку; ближу ознаку места где сам га пронашао; оштећење изазвано њиме (на пример: разбијен један цреп на источној косини крова; напрсло стакло на окну оставе); величину и облик каменице (нпр: као кокошје јаје са једном оштром уздужном избочином; као песница одраслог човека са палцем који штрчи); тежину и боју – ако је о каменици реч (нпр: жућкаста као недозрела дуња, 150 грама; браон као зрела мушмула, 200 грама).

Ипак, највише простора, више од четвртине колоне, заузимала је последња, по мом суду најважнија рубрика. Назвао сам је 'Могући агенс' и у њу уносио ближе податке о – најчешће – објављеној *информацији* као највероватнијем узроку што се та каменица уопште нашла код мене и што јој, упркос свему, указујем толику пажњу.

Одмах по отварању, на почетку, у Свеску материјалних доказа полагао сам, што се будуће процесне вредности тиче, највише наде, поготову у односу на прве две, Северну свеску и Јужну свеску. Зато сам с пуно преданости у њу уписивао један по један доказ оним редом којим су ми долазили до руке. Касније – тада сам био код редног броја 79 а иза себе имао више месеци од прве лажне вести и прве каменице – почео сам да сумњам у сврсисходност свог поступка, у ову свеску као средство којим ћу, у будућности, моћи да постигнем било што од оног што сам, отварајући је, имао на уму. Борио сам се са собом али сам брижљиво, са једнаком ревношћу као у почетку, уписивао даље. Желео сам да одлука – за настављање или прекид евидентирања – у мени потпуно сазри пре него што приступим њеном извршењу. Та борба трајала је до редног броја 127, када сам корице ове свеске засвагда затворио.

Много је разлога који су ме на то навели, а ево неких.

Прво, Свеска материјалних доказа, могла би од суда – ако до суда дође – глатко да буде одбијена као неуверљив доказ уколико је не прате предмети који су у њој детаљно евидентирани. Стога сам те предмете, углавном каменице, морао да чувам и слажем, најпре по фиокама свог радног стола а потом у подруму, на полицама које су биле намењене теглама за зимницу – чему се Вера већ на почетку успротивила и непрекидно, не прихватајући моје разлоге као паметне, енергично противила.

Ако се први разлог тицао склада у породици, други се тицао склада у мени самом. Како је време одмицало број каменица, као почетни мотив да ову свеску уопште почнем да водим, нарастао је преко сваке разумне и прихватљиве мере. Отуда се, као сасвим природна и логична, наметнула потреба да с тим прекинем уколико не желим да своју кућу претворим у камењар *par ekselans* а себе, са овом свеском у рукама, у својеврсног особењака који, уместо да решење тражи на другој страни, загледан у будућност бди над тим камењаром.

Треће, некоректне информације о мени биле су праћене, осим каменицама, и бројним другим предметима и телима бацаним из правца улице наовамо. Стога су ти предмети и та тела, ништа мање од каменица – ако нису и више – заслуживали својство, а тиме и третман намењен материјалним доказима. Био сам, дакле, дужан да их, после уписивања у ову свеску, обезбедим од пропадања како знам и умем. Али то увек није било изводљиво. Опредељење да тако поступам угрожено је оног тренутка када је, на моје очи, пала једна, зрном из ваздушне пушке тек погођена птица. Пошто сам стигао до ње и узео је у руке, још је била топла и давала знаке живота.

Шта с њом да чиним?

Осим ове и још двеју птица устрељених такорећи над мојом главом, у ово се двориште, убацивањем са улице, нашло још много мртвих врабаца, голубова и других пернатих створова, праћкама или ваздушним пушкама лишених живота управо за ову сврху. Једном приликом је – да поменем и то, изостављајући много шта друго – уз помоћ камена као носача, овамо стигао и невелики ђердан на коме су, нанизани на кудељни канап, улогу зрна бисера имали скорели овчији брабоњци, плус један привезак од папира четвороструко пресавијеног у квадратић, на коме је лепим штампаним словима писало: *За госпођу Веру, за супругу врлог* „*судије*" (реч *судија* била је под наводницима).

Како да те тако значајне и, што се учинка пристрасних информација тиче, тако индикативне доказе сачувам за будућност?

Коначно – ето четвртог разлога који је запечатио судбину Свеске материјалних доказа – било је питање које је у себи садржало одговор: Шта је у неком догледно будућем обрачуну – судском, разуме се – требало да докажем? Зар оно што је познато свима и у чему је, на овај или онај начин, већина њих учествовала, било као непосредни извршиоци и саизвршиоци, било као подстрекачи, помагачи, или, најчешће, као неми посматрачи чије је ћутање, за закулисне виновнике ове хајке, имало значење саглашавања?

ОДЛОЖНО ДЕЈСТВО

Упозорење *Призме* да се грађани, ако их пут наведе овамо, клоне близине моје куће и живице, чинило је у међувремену своје: привлачило шетаче као никада дотад. Појединци, парови и групице, углавном млађег и средњег узраста, мењали су устаљену маршруту, прелазећи с оне на ову страну градског трга, успоравали корак што су бивали ближе мојој капији, да би ту, у простору између њеног левог и десног бетонског стуба, скоро застали и, као узгред и случајно, погледали наовамо. Они опрезнији, углавном старији људи, или родитељи са малом децом, коју су држањем за ручице, чврсто их стежући, онемогућавали да се којим случајем не отму и потрче овамо, правили су овећи полукруг и са пристојног растојања проверавали основаност упозорења из свога листа. Међу њима, неретко, било је и оних са фотоапаратима чији блицеви су севали повремено у покушају да, ваљда, начине снимке сличне оном каквим је *Призма* илустровала своју фамозну информацију. Истина ретко, али ипак, дешавало се, ван оних значајних напада и догађаја, да понекад преко ограде, наовамо, прелети по нека каменица, тек колило да ме подсети како Јавност олако не заборавља *недолично* понашање свога некада угледног грађанина.

Највећи део тога сам, нажалост, посматрао из дневне собе, заклоњен полупровидном завесом, свестан да би моје појављивање напољу, у дворишту, било равно изазивању недобронамерних пролазника или, још горе, атракцији коју свакако треба видети. То, међутим, не значи да на удар сваке појединачне каменице нисам реаговао. Бележио сам време њеног пада а потом, у погодном тренутку, обично пред сумрак, излазио напоље и узимао је. Док нисам оформио Свеску материјалних доказа, остављао сам их у повртњаку по одређеном распореду, а касније их, са потребним подацима, у ову свеску уписивао редом којим су пристизале, па их остављао на за то одређено место.

Али, од предаје мог демантија мину још доста дана а у *Призми* се не нађе места за његово објављивање. Штавише, својим 'одјеком' у *Вектору* и *Спрези,* демантована информација настављала је разорни поход на моју малу породицу. Објављивање демантија сада је било ургентније него икад: све док не буду знали право стање ствари, ови људи се неће манути моје куће нити ће напетост изазвана некоректном информацијом да попусти. Зар ће заиста те новине дозволити да их судским путем принудим да испуне своју законску обавезу?

Нисам, додуше, био сигуран да ли би истина, све и да је благовремено продрла на место које јој Закон обезбеђује (трећа страница *Призме*), преусмерила догађаје у бољем правцу: гађачи који су то постали под утицајем подметања у првој вести, а потом и њених 'одјека' у *Вектору* и *Спрези,* чак и да мој деманти са пажњом прочитају (а морало се рачунати и са онима који га неће прочитати), не морају, на штету свога листа, да поверују мојој верзији догађаја. С друге стране, нисам био сигуран да ово што ме сналази свој узрок има само у новинама: и у прошлости, оној далекој, повремено су се догађале овакве ствари мада се за новине и штампарски слог још није знало.

Било како било, и поред других обавеза које сам хитно морао да решавам (лечење оболелог црног пса, на пример, прављење кућице за његов смештај, и тако даље), у мојој се глави, уз концептирану тужбу против тетовираног нападача – чију адресу још нисам успео да прибавим – нађе место и за ову другу, тужбу против *Призме*. Тај лист би, према замишљеном тужбеном захтеву, био обавезан да у свом наредном броју, на трећој страни, објави мој деманти у целини. За случај да по пресуди не поступи, била је предвиђена висока новчана казна како за главног и одговорног уредника, тако и за сам лист.

Преостајао ми је безначајан, више мануелни напор, да то пренесем на папир, да, потом, као доказ о учинку што га је демантована назовиинформација произвела, поднеску придружим одговарајуће текстове из *Вектора* и *Спреге*, и све то доставим суду.

Било је касно увече када писаћу машину привукох себи па у њу убацих три примерка белог канцеларијског папира и, за две копије, два листића индига. Одуговлачио сам као да под принудом вршим неко нечасно дело: судске спорове сматрао сам крајњом мером и нужним злом. Није се радило о лењости или умору, али куцање не почех те вечери. После краћег премишљања одлучих да главном и одговорном уреднику *Призме* – или онима који су стајали иза њега – дам још једну шансу у виду једног новог дана, у ствари новог броја листа који ће, одем ли за новине раније но обично, у мојим рукама бити кроз око десетак сати. Ако ни тада, дакле сутра ујутру, мог демантија не буде на трећој страни тих новина, примена крајње мере и нужног зла биће потпуно оправдана: откуцаћу и предати тужбу. Због тога сам овај посао одложио за сутрадан.

КУДА СА МРТВИМ ПТИЦАМА

Са проблемом мртвих птица суочио сам се када је прва од њих, свакако погођена зрном из ваздушне пушке, (непосредно пре тога чуо сам звук карактеристичан за то оружје), пала у травњак на пола метра од пешачке стазе која води према капији. Био је то голуб, највероватније из јата чији су припадници били чести гости ваздушног простора око моје куће.

Питање: куда са мртвим птицама? наметнуло се само од себе у вези поступања са корпора деликти након уписивања у Свеску материјалних доказа. Јер, док сам каменице и неке друге, труљењу и распадању неподложне предмете, после завођења у ову свеску могао да слажем по фиокама свог радног стола или ређам на полицама у подруму, са телашцима мртвих птица тако нешто било је неизводљиво.

Када се, дакле, пошто сам дошао до ње и узео је, устрељена птица нашла у мојим рукама, било је касно да ма шта учиним – а шта бих? – да је спасим. Два до три пута зевнула је својим тиркизним кљуном да би нагло затресла главом као да, прождрљивица, гута залогај већи од ждрела. Потом је престала да даје знаке живота али је наставила да ме гледа својим стакластосивим окицама. Држао сам је тако кратко време, премештајући је веома спорим покретима из једне у другу руку, да бих је, на крају, вратио на место одакле сам је подигао. Шта с њом да радим? питао сам се, сада када је мртва и када ће веома брзо почети да се распада. Да је убацим у канту за смеће, или пребацим преко северне међе где, с друге стране, не живи нико а расте свакојако шибље и тек покоје самоникло кисело дрво? Да јој, уз одговарајући опис, место припада у Свесци материјалних доказа, подразумевало се, јер и она је један од доказа – чак веома карактеристичан па зато и драгоцен – о учинку злонамерног информисања. Тај доказ, у границама расположивих могућности, свакако морам да обезбедим за будућност, закључио сам.

Стајао сам непокретан изнад ње бар један минут – ко зна, можда је то било десетак па и више минута – а затим пошао према дворишном делу куће. Отуда сам се вратио са баштенском мотичицом, узео пернато тело и положио га на длан леве руке и тако понео према врху плаца. Узвишење којим се тај задњи део мог дворишта с правом дичи ('брдо', како смо га ми укућани међусобом звали), има једну једину ману: његов травнати, дакле највећи, средишни део – бокови и гранични северни део покривени су украсним шипражјем и високим растињем – био је практично незаклоњив од улице. А управо сам тај део, због непостојања корења испод површине, изабрао да у његовом средишту – на месту подједнако удаљеном од леве и десне међе а на четрдесетосам метара од јужног зида куће – сахраним ову птицу. Ископао сам малу раку и у њу положио беживотно тело. Иако мала, водио сам рачуна да рака буде довољно дубока како мртва птица не би постала плен ситних варошких зверки и штеточина обдарених беспрекорним њухим за откривање крви и свежег меса, а снабдевених канџама за раскопавање тла. Никакав белег нисам намеравао нити сам поставио, уверен да ће ми узете координате, које сам потом уписао у Свеску материјалних доказа, бити довољне да ово место, кад и ако ми затреба, пронађем и, ако ништа друго, бар преостало перје и кошчице понудим суду као доказ.

Тако сам сахранио ову прву, а тако ћу, на истој локацији, сахранити свих четрнаест што ситних што крупних птица, колико их је убачено преко ограде или убијено у ваздушном простору изнад мога имања. На исти начин, можда из навике или из пијетета, поступао сам не само док сам водио Свеску материјалних доказа и у њу уносио податке о сваком сахрањеном пернатом створу, већ и касније када ту свеску више нисам узимао у руке.

САДИСТА

Обећавајући леп, сунчан дан, освануло је јутро које сам наменио тужби против *Призме,* и ја пожурих до киоска да, са својим сталним новинама, купим и тај лист. Нашао сам се тамо у тренутку када, журећи на посао, запослени настоје да на брзину купе данашњу штампу из које ће у току радног времена сазнати *шта има ново*.

Већ у моменту када је чула да, осим својих сталних новина, желим да купим и *Призму,* Мирјана ме погледа некако забринуто да би, приликом враћања разлике у цени, упркос гласовима пожуривања иза и око мене, успела да ми добаци: „Има нешто."

То њено 'нешто' стајало ме је много труда. По повратку кући, најпре сам, у оба смера, *Призму* пажљиво прелистао бар три пута а да никакав наслов или поднаслов који би био у некој вези са мојим именом, нисам пронашао. И тад ме Мирјанино 'има нешто' ошину као муња. „Није то ваљда у мом листу", рекох наглас. *Призма* ми из руку испаде на под, где и остаде, а ја са стола узех и, пун стрепње и невернице, почех да листам новине које читам откако знам за себе (а читао их је и мој отац), дакле Јутарње градске новости; Јутарње градске, како смо их скраћено, или ЈУГРАН, како смо их сасвим кратко у кући најчешће звали.

Међутим, да бих се уверио у истинитост Мирјаниних речи, морао сам не три, но бар пет до шест пута да прелистам ЈУГРАН: 'нешто' за којим сам трагао, било је без наслова, штавише није припадало категорији вести у свакодневном смислу те речи; било је сврстано у она ситна саопштења, обавештења, објаве разних реонских, општинских или градских друштава, удружења, савеза, и тако даље, која су имала своје место иза 'књижевног', за роман у наставцима резервисаног, а непосредно испред огласног дела листа.

Извршни одбор Друштва за заштиту животиња од свирепости – била је суштина тога текста – на својој редовној седници, разматрао је поступке неких грађана којима се угрожавају кућни љубимци чијом заштитом „...ово Друштво има част да се бави." Следило је моје име штампано у гармонду (та околност ми је, нажалост – остали текст био је у петиту – олакшала да ову вест пронађем), уз навођење да сам „...на свиреп начин, тукући га дрвеним штапом, мучио једног у своје двориште залуталог црног пса", да сам то чинио „...са садистичким уживањем наочиглед неких случајних пролазника и, што је посебно за осуду, наочиглед већег броја деце, дајући им на тај начин лош пример како да поступају са јадним животињама. Такав поступак некада угледног грађанина изазвао је огорчење и осуду чланова извршног одбора..."

И овога пута сам, као и у случају са оном *Призминoм* вешћу, био спреман да одмах и оштро реагујем – неким новим демантијем, разуме се. То се, међутим, није догодило. Сада сам, што се тога тиче, имао искуство више. Устао сам и, стојећи, цео текст прочитао по други и, чак, трећи пут. Направио сам, потом, неколико нервозних корака око стола и уздуж свих зидова собе да бих се опет спустио на столицу. Размишљао сам да ли уопште и како да реагујем. За то време, не читајући их, узгред сам и даље овлаш листао новине, кад у собу уђе Вера.

„Шта има ново?" упита, интересујући се да ли је *Призма* коначно објавила мој деманти.

„Још увек ништа", одговорих кратко, настојећи да ми глас звучи што нехајније: намеравао сам да је поштедим непријатне новости.

Али ме она откри: „Ти као да нешто од мене тајиш," рече с неодобравањем.

„Има нешто", предомислих се и пружих јој Јутарње градске, отворене на страници са најновијом информацијом.

„Па то су наше новине", пренеражена, малтене крикну она, прихватајући их. „Господе Боже." Истог трена руком се ухвати за уста: у суседној соби Жанка је још спавала – могућност да ја пробуди својим криком била је сасвим реална.

„Изгледа", рекох резигнирано, „да више неће бити *наше*." Поћутао сам неки тренутак. Није лако одрећи се *својих* новина. Током многих година био сам се сродио с њима. Оне су, у неку руку, постале четврти члан моје породице. Име њиховог уредника за мене скоро да је било име свеца. Зато додадох готово покајнички: „Ипак, и даље ће бити наше. Нешто ми каже да су у овом, мом случају, оне само невини *гласоноша*.''

За време доручка и касније, мисао о најновијој 'каменици', упућеној са стране коју сам сматрао природно својом и одакле ни у сну нисам могао да је очекујем, није ме напуштала. Ипак, још увек сам имао на уму синоћ себи задату обавезу да овог преподнева откуцам и суду предам тужбу против *Призме*. Међутим, нисам више био способан за то: моћ концентрације била ме је сасвим напустила. И тако се те две, супротне, иако по много чему сасвим блиске обавезе, почеше у мојој глави прегонити: намера-обавеза да одаберем и реализујем узвратни потез против Друштва за заштиту животиња од свирепости, потискивала је ону другу, обавезу да већ једном сачиним и суду предам тужбу против *Призме*. Време је по мом сат-осећању текло веома брзо: сунце које је јутрос, када сам са новинама ушао у дневну собу, опседало највећи део њених зидних површина, нагло је узмицало и, коначно, узмакло на само око пола квадратног метра, да би и са тог простора у трен ишчезло. Тад изненада чух свој пркосни глас: „Натераћу их да демантују сами себе."

Иза свог пркосног гласа и смисла изговорених речи, сада, док ово записујем, опет, као што ми се већ догађало, препознајем себе – младог и недозрелог. Можда су умор, разочарање, изненађење, знаци беспомоћности, допринели томе. Али ја сам дужан да и то региструјем, ако желим пуну истину. А желим је. А ако је већ желим, зашто да не признам себи како све теже управљам својом оловком. Она као да има своју сопствену логику, способну да изврда мојој вољи. Одваја се од мене. Принуђен сам да је непрестано заустављам, бремзам, враћам на прави, у овом случају правнички, да не кажем бирократско-административни или журналистичко-публицистички пут, дакле стил и језик. Дошло је дотле да сам почео, у својим белешкама, више да ценим како сам неке ствари изразио но колики је број и какав је квалитет тих ствари – хоћу рећи чињеница[3].

Пошто у телефонском именику пронађох број Друштва за заштиту животиња од свирепости, у руке узех слушалицу. Желео сам, инсистирао сам да разговарам са првом личношћу те организације.

„Разумем вас", чу се глас с друге стране везе. „Бојим се, међутим, да с том личношћу нећете тек тако лако моћи да разговарате."

„Како, молим", рекох с неверицом.

„Прва личност ове *институције* једна је од првих личности Града."

„С ким, онда, то имам част да разговарам?" био сам упоран.

---

[3] Цео овај фрагмент је у оригиналним белешкама прецртан унакрсним косим линијама. Нема разлога да и овде не буде тако.

„Са секретаром Друштва. Јединим, стално плаћеним лицем. Не урачунавам чистачицу која свој посао обавља хонорарно."

„Па како онда Друштво ради? Како доноси одлуке? У ком саставу?" и даље сам био сам упоран.

„Одмах сам знао да сте то ви, господине Зарићу. Зато вам овако опширно и одговарам. Јер, ко би други – данас када је, уз помињање вашег имена, у штампи објављено наше саопштење – ко би други звао ово Друштво и захтевао да разговара с његовим председником лично."

„Да, овде Зарић", рекох. „Теодор. Извините што се одмах нисам представио, како то ред налаже. Мало сам револтиран, знате, због онога што ми се саопштењем вашег Друштва импутира. Откуд вам такви подаци? Ко је аутор клевете? Где су докази?"

И поред почетних потешкоћа, показало се да је секретар Друштва човек с којим се може разговарати. Њему је било познато све што ме је занимало и то ми је стрпљиво, чак љубазно и отворено, изнео: Друштво, у коме он ради као административац, није и не би („за живу главу") тек тако и без доказа, пустило у јавност саопштење о коме смо разговарали, тим пре што се у њему помиње, чак именује одређена личност. Напротив, имало је јаке, сигурне доказе. Које доказе? Фотографије, једну или две, можда три, које су током сесије кружиле од руке до руке чланова најужег руководства. Шта је представљено на тим фотографијама? Секретар то не би знао да каже, није био у прилици да баци поглед на било коју од њих а камоли да их разгледа. Ко је тим доказима, тим фотографијама, снабдео Друштво? На то питање одговор бих морао да потражим искључиво од старешине Друштва, али ми га ни он – службена тајна! – сигурно тек тако неће дати.

Чека ме, ипак, нова, трећа (ненаписана) тужба, закључих не без горчине, јер сам знао да, без судског налога, старешина Друштва сигурно не би открио 'службену тајну', а сазнање те 'тајне', (име личности која је – ако је – сачинила и Друштву предала фамозне фотографије), било би само заобилазни пут за ону четврту, у овом случају главну тужбу, тужбу против фотофалсификатора – ако такав уопште постоји. Све то, наравно, под условом да та личност, фотофалсификатор, на суду не устврди да је фотографије добио од неке даље, четврте, пете личности, а да је он био само посредник између правог фотофалсификатора и Друштва за заштиту животиња од свирепости.

ПРИЈАТЕЉ (II)

Реч 'тужба' опседала ме је још неко време, кад црвено сигнално окце на телефонској слушалици, у мојој руци, поче да трепће синхроно са звучним сигналима. Познати, пријатан глас, потврдио је моје очекивање: Раша Марковић. Ма како срдачан, глас му је осетно био дозиран забринутошћу. „Како си, Тешо?" упита. Тим надимком само ме је он ословљавао. „Никако да опет свратиш до своје матичне луке, или се бар јавиш телефоном."

Откако сам пензионисан само сам једном посетио суд и са Рашом, у његовој канцеларији, попио наше омиљено пиће – чај од липе. Мада сам намеравао, нисам остао дуже јер нас је у започетом разговору, (како нам се, пре мог пензионисања, често догађало и раније), убрзо прекинуо телефон за врло хитне случајеве. Раша је одмах морао на лице места поводом неког тешког злочина.

После тога, нисам нашао слободно време да још који пут одем до суда и да, ако не са Рашом, са неким другим колегом, у првом реду са Марком Цветковићем или Јашом Јеремићем, мало поседим и подсетим се на дане с њима проведене. Претеривао сам са мојом баштом, вртом, 'ливадом', кућом. Наравно, након што су почели ови догађаји, таква посета није више долазила у обзир. Како ће моји бивши сарадници гледати на мене: са сажаљењем, саосећањем, или – ко зна? – неки и са злурадошћу? Шта би, у сенци насиља коме сам изложен, могло да буде предмет нашег разговора?

У сваком случају не дани мог судовања. Израза сажаљења или саосећања могло би бити више но што сам у стању да поднесем. Шта бих од тога имао? С друге стране, био сам све ближе уверењу да ће *ови* догађаји, кад-тад, ипак морати да буду предмет процеса управо пред Вишим судом. Зашто се излагати ризику сумње, макар само теоретском, да своје колеге и бивше сараднике посећујем у склопу припрема за тај имагинарни процес будућности – обезбеђивања себи бољег третмана на њему?

„Откако су почели ови догађаји, моја матична лука само је моја кућа", рекох. „Мислим да ћеш се сложити са мном да није добро да, до даљег, будем виђан у Суду: како се ствари развијају, изгледи да тамо *сутра* потражим за себе правду, нису мали; у том случају, неко би могао да прави проблеме постављањем питања судске непристрасности. Али, нећемо сада о томе. Имамо пречих ствари. Увек си био непосредан; зашто сада околишиш?"

„Јеси ли читао данашњи ЈУГРАН?", упита Раша тако нагло да ме малтене збуни. Став о целисходности мојих посета Суду, остави без коментара. Очигледно, уводно питање о тим посетама, било је само формалност. Моје име у данашем ЈУГРАН-у, у страну је потискивало све остало.

„Ти знаш да ја без тих новина не проводим дан. Зашто ме то питаш?"

„Зато што се у њима, на страни шеснаестој, изричито помиње твоје име у негативном, чак врло негативном контексту. И то у службеном саопштењу издатом од стране, теби можда непознатог Друштва за заштиту животиња од свирепости."

„Тачно Рашо, за то друштво до данас нисам чуо. Али, његово саопштење прочитао сам бар три пута. Штавише, већ сам покушао да ступим у телефонску везу са његовом првом личношћу."

„И, наравно, ниси успео. Нити има реалних изгледа да успеш. Друштво под тим називом скупља такозвани крем градске врхушке. Они у њему – како сам од неких власника паса обавештен – држе све руководеће функције, смењујући се међу собом по неком, само њима знаном редоследу. Истина, огромна већина чланова Друштва, бројчано гледано, из редова је обичних људи, правих љубитеља паса и других домаћих или егзотичних животиња. Али они, ти обични чланови, немају никакву стварну власт нити увид у оно шта врхушка ради."

„Шта то она ради?"

„Тражиш од мене одговор на питање који ни сам не знам. Шта тамо све раде не знам, али знам да им је чланство у то Друштво само погодна форма да се, кад им затреба, састану и попричају о овом или оном. Углавном о оном што понекога од њих тангира а у чему му је помоћ осталих неопходна. Понекад понешто и одлуче. Знам да су на свом последњем састанку на мог пријатеља бацили анатему."

„Јеси ли ти, Рашо, прочитао цео текст те, како кажеш, 'анатеме'?"

„Свакако да јесам. Зато те и зовем."

„Тамо се износе одређене назовичињенице, описује радња извршења коју сам наводно учинио. Од секретара Друштва добио сам уверавања да су некакве фотографије послужиле као 'доказ' руководству Друштва за усвајање објављеног саопштења."

„Чуј, Тешо, реци ми јеси ли ти, у ближој или даљој прошлости, имао било какву везу или си случајно био у близини некаквог црног пса?"

Укратко испричах шта ми се недавно догодило. Ниједан детаљ, мислио сам, нисам изоставио. У таквим стварима 'ситница' нема.

„Тако сам, у глобалу, и мислио", рече Раша. „Неко ти је наместио прљаву игру. Хтео-не хтео, ти си је прихватио. Тог пса си, уз употребу штапа – како би другачије? – из свог дворишта морао да избациш. За то време, плаћени сниматељ радио је свој посао. А платио га је неко из најужег руководства Друштва о коме говоримо."

„Али, Рашо, ти ме до краја ниси разумео. Или ти ја нисам довољно детаљно све испричао. Ствар је у томе што ја тог пса из свог дворишта нисам избацио. Истина, покушао сам али, надомак капије, од тога сам одустао. Било ми га је жао. Оставио сам га. *Усвојио.*"

„Добро те познајем да бих се чудио томе што си учинио. Не ваља, међутим, што си од покушаја, како кажеш, одустао тек *надомак капије,* а не раније. Тако си плаћеном снимaтељу омогућио да обави планирани *посао.* Но добро, кажи ми шта је са тим псом сада?"

„Рекао сам ти да сам га усвојио. Немој ми замерити што овде користим реч 'усвојио'. У овом случају она значи да сам му поклонио пуну пажњу. Његово излечење – уз помоћ ветеринара, разуме се – при крају је. Подигао је главу и смело гледа у мене. Добро једе. Веома симпатично куче."

„И шта даље намераваш с њим?"

„Купио сам једну, не једну, две лепе књижице о одгоју и обуци паса. Неговаћу га. Научићу га да шени, да апортира одбачени предмет. Купио сам му дивну, кожну огрлицу, као и подужи каиш звани поводац. Увежбаваћу га да хода поред мене. Тако ћемо моћи заједно да шетамо. Његово присуство и поглед пун поверења много ће ми значити ових дана."

„Чуј, Тешо", рече Раша некако нагло измењеним, пословичним тоном – или ми се, због онога што сам у наставку чуо, то сада тако чини. А чуо сам, најпре, оно што сам углавном и сам знао: да су многи значајни људи – на пољу уметности, културе, привреде, политике – љубитељи паса; да их је највише међу просечним грађанима, али и онима који једва састављају крај с крајем; да неки од њих више воле псе но људе, чувају их у становима и од њих се ни током ноћи не одвајају; да спавају и једу заједно с њима, и тако даље, и тако даље.

„Многи од тих људи", чуо сам у наставку, „пре би ти, Тешо, опростили да црнеш у неку људску индивидуу – то многи чине – али у пса – не дирај! Њима је, наравно, познато како се у кафилерији поступа са псима луталицама. Тај посао је, међутим, јавно признат, а обављају га за то обучена и плаћена лица. Шинтери. Друга је ствар кад то чини *некада угледни грађанин, са садистичким уживањем, наочиглед неких случајних пролазника и деце* и – обрати пажњу – *НА СВИРЕП НАЧИН*. Свака од речи које сам нагласио, тешка је сама по себи, а порука целине саопштења недвосмислена: том човеку – теби, дакле – не треба дати мира! У томе је, како ја ту ствар видим, поента подмуклог чина оних који су срочили и објављивању у јавности наменили саопштење из данашњег ЈУГРАН-а.

Добро је што си тог пса задржао и заволео. Како је почело, може се догодити да нам у будућности његова 'помоћ' постане драгоцена. У сваком случају, пажљиво прати догађаје и, приметиш ли штогод сумњиво, поготово противзаконито – неки акт који садржи формалне елементе кривичног дела а уперен је против тебе – позови ме. Заједно ћемо потом да видимо шта да учинимо."

Уто, као из неизмерне даљине, чух добро ми познате звучне сигнале телефона за врло хитне случајеве. Схватих да ме је Раша позвао из своје службене канцеларије и да је тиме наш разговор завршен.

„Нешто се негде догодило", потврди он моју мисао. "Свакако и сам чујеш ове звуке. Морам на место догађаја. Уосталом, мање-више сам ти рекао све због чега сам те овом приликом звао."

ГАЂАЧИ

Сем оног првог, тетовираног, сразмерно мало је његових следбеника, гађача каменицама, који су одраније долазили у сукоб са законом и тим или неким другим поводом (парничење, на пример), били у прилици да се нађу пред мојим судијским столом и замере ми због, по њиховом уверењу, неправилног пресуђења ствари која их је довела у судску зграду. Уместо њега и њему сличних, они који су дошли и долазили на његово место, ничим нису били обележени, поготову не тетоважом. Били су то обични, људи који се свакодневно и на свим местима срећу, стари и млади, људи средњих година (њих најмање, ваљда због запослености), чак и деца, било сама (она старијег узраста), било са једним својим родитељем (скоро никад са обоје), било са дедама и/или бабама.

Подстакнути злонамерним информисањем о мени, хрлили су овамо – неки са жаром на лицу – да допринесу општем добру на начин који су сматрали најцелисходнијим. Мало је оних који су одолели примамљивом зову мас-медија да на моју кућу не баце бар једну, макар малецну као дроздово јаје, каменицу. Али је, с друге стране, још мање оних који су себи могли да приуште пун погодак: разбијени цреп – о стаклу на прозорима да и не говорим. Било је, разуме се, и оних који су могли да се похвале и са неколико разбијених црепова или окана разнетих у парампарчад, али, на срећу, ни једног више који би ми, као онај први, тетовирани, позледио надочну артерију, нити је нека од наредних каменица окрвављена као она прва.

Тај зов мас-медија, истина, није био изричит и отворен, али је, упркос томе, давао резултате. Да се, којим случајем, неко јавно гласило и усудило да грађанима упути недвосмислен позив за окупљање пред мојом кућом и напад на нас, њене станаре, било би, сигурно, и без покретања судског поступка с наше стране, изопћено из породице мас-медија а рад му забрањен бар за неко време. Функција информисања неспојива је са позивањем на насиље.

Иако је мета гађача углавном била кућа, а кров као њен најистуренији део најчешће погађан каменицама, неретко сам боравио управо тамо, непосредно испод њега, на тавану дакле, и то, понекад, чак и током најжешћих напада. Тако сам, док су ме гађали или се припремали за то, био изнад њих и, захваљујући томе, у прилици да их посматрам и много шта запазим а да они то не знају. На косини кровног покривача према улици, наиме, постоји кровни прозор невеликог окна (60 x 40 цм) на коме улогу стакла врши подебели нешто затамњени плексиглас, несаломив и за најкрупније каменице које је са улице било могуће добацити донде. Глава ми је, значи, била на безбедном а, уз то, због оног задимљеног плексигласа и полумрака који је владао унутра, невидљива за оне доле – на миру сам, дакле, могао да гледам шта чине и како се понашају.

Да сем његове првобитне намене – пропуштање дневног светла за пространи таван – овај прозор може да послужи и нечем другом, открио сам сасвим случајно када сам се, једном приликом, попео горе да с унутрашње стране заменим неке поломљене црепове и погледао кроз њега: велики део трга испред моје куће и највећи део тротоара, осим оног непосредно уз живицу, био ми је као на длану.

Од тада сам се често пео на таван. Чинио сам то обично када сам по гласовима са улице слутио нешто лоше, да проверим да ли ме слутња вара или нам, отуда, прети нека нова опасност.

Међутим, осим ових запажања са безбедне таванске дистанце, догађало се да се с гађачима нађем очи у очи док прилазим да за 'обраду' и своју збирку покупим претходно пале каменице (најчешће само једну или две), или се из неког другог разлога нађем у предњем делу дворишта. Иако сам овај подухват – скупљање каменица – изводио уз брзо кретање и обазривост, (како они не би стекли утисак да их изазивам), ипак нисам ишао у другу крајност па да трчећи то обављам. Штавише, и у случају када би ми због изненадног напада претила опасност да се понови нешто слично као са првом каменицом, нисам себи дозвољавао спасавање бекством, што не значи да сам стајао као дирек, дирек-мета, у коју би они могли лакше да гађају и погађају. Напротив, да бих избегао поготке, повијао сам се према потреби сад лево сад десно, али не сувише брзо и не као да се трзам, макар ме због тога нека каменица и окрзнула, што није било ретко, али, на срећу, не и тако често. Нападаче сам, при томе, гледао у очи прелазећи погледом с једног на другог (ако их је било више) а, богме, понекад и наступао према њима, као да сам ја нападач а они невинашца. Догађало се, тако, да у овом наступању корак по корак, пређем по више, чак – једном – око једанаест метара и, уместо ближе кући, где сам на почетку био, на крају будем ближе капији, уз саму ограду. Таквим поступањем, да не кажем наступањем, редовно сам обуздавао нападе и нападаче, а сваки мој корак напред – веома кратак иначе, више симболичан но стваран, некад дуг само десетак сантиметара – сваки мој корак значио је једног гађача мање из групе која се, стога, осипала, најчешће до потпуног распада. Дабоме, крећући се тако напред, ништа нисам говорио, усне сам држао стиснуте а виличне мишиће затегнуте, али не као човек који је решен да изведе нешто спектакуларно а непосредно пре него што ће то учинити; јер ја и нисам чинио ништа друго но одбијао ничим изазван напад на начин којим га не распаљујем, не понижавам нападаче, али и не дозвољавам да сам будем понижен – ако се, с обзиром на мој стварни положај, тако нешто уопште може рећи.

Ето, и у тим тренуцима, кратким по трајању али богатим садржајем, о гађачима сам сазнао многе ствари које, уз запажања са тавана, свакако треба забележити. (Једном или два пута посматрао сам их и из непосредне близине када сам се, у време њиховог неочекиваног јуриша, био нашао непосредно уз ограду а да ме они – пажње усмерене у правцу моје куће – овде не виде.)

То виде-не виде, провлачило се и у другим приликама сличним овој, јер највећи број хитнутих каменица хитнут је насумце; гађачи углавном не виде шта гађају, или не виде у тренутку када гађају. (На срећу, јер да није тако ниједно стакло на прозорима моје куће, ниједан цреп на њеном крову не би остао читав). Додуше, они претходно осматрају мету бар неколико минута, неки сатима – мада је било и оних који до краја остају посматрачи (не подстрекачи) а да не дозволе себи посезање за каменицом – али кад треба да замахну и испразне шаку, прилазе на неколико, најчешће на око пет метара од ограде и одатле је (се) празне. А како је живица густа и висока, а ниво мога плаца око пола метра изнад нивоа тротоара, гађачима се, у тренутку пражњења, мета нађе ван горње границе видног поља. На тај начин они не доживљавају пуно задовољење као кад би каменицу избацили према видљивој мети, уживали у нишањењу и били сведоци свог поготка. Али и овако, гађањем на овај фаличан начин, они су задовољавали своју потребу да, као гласачки листић у кутију, убаце који камен с оне стране ограде, према кући коју су им – истина на посредан начин: блатећи њеног домаћина – мас-медији свесрдно препоручивали за такав чин.

Овде је, разуме се, реч о гађачима који због поодмаклих година (али и алкохолисаности, исцрпљености, и томе слично), нису у стању да своју каменицу убаце у дубину мога плаца а да се претходно не приближе живици на растојање на коме им престаје видљивост према његовој унутрашњости у тренутку кад је то најмање пожељно. Млади и јаки гађачи, захваљујући снази својих мишица, могли су хитнутим каменицама лако да досегну сам центар моје куће, ако не и унутрашњу, дворишну косину њеног крова, а да се не приближе живој огради која би им онемогућила да виде резултат свога чина.

Осим ове разлике, углавном условљене старосним добом гађача, сама по себи се наметнула и једна друга, разлика по основу њиховог раста. Падало је, наиме, у очи да је велика већина високих долазила снабдевена малим, омањим каменицама и таквима се бацала према мојој кући. Супротно њима, они мањи и мали растом, обично су се гађали великим, највећим каменицама, какве су, малтене, биле погодне за попуњавање рупа при зидању. Велика жеља да се истакне пред другим гађачима, посматрачима или подстрекачима, али и да се измами њихово признање, терала их је на такав, избор. Не једном сам их гледао како, залећући се наовамо, дахћу под теретом својих 'изабраница' – мада није искључено да су дахтали и због узбуђења које их је током чина гађања обузимало. (То о дахтању више је плод мог закључивања на основу израза њиховог лица, трзаја на њему и затегнутих вратних жила током залетања, но непосредног слушног опажања: у мноштву других шумова и звукова, нисам, разуме се, могао да га чујем, поготову не са дистанце – са тавана – на којој сам се као посматрач налазио).

Осим бирања по величини и тежини, неким гађачима – по њиховом облачењу, општем изгледу и понашању дало се закључити да су претежно интелектуалци – критеријум за бирање био је облик каменица. Као да су знали да их скупљам – у што су се, видећи ме како то свакодневно чиним, лако могли уверити – да их потом 'обрађујем' и описно региструјем у Свеску материјалних доказа, негде су проналазили и доносили оне необичних облика, оштрих изломљених ивица, кривина и улегнућа, ваљда да би ми на тај начин задали што више посла. Било је случајева да за опис неке такве, уместо по два до три предвиђена реда у поменутој свесци, испуним знатно више, једном приликом, упркос максималној концизности, чак и десет.

Ипак, нису сви који су се латили каменице то чинили с намером да ме повреде, оштете моју кућу или на неки други начин нанесу зло мојој породици. Међу њима сам неретко запажао и оне који су овамо дошли не из убеђења да је то што чине у реду, већ да им се не би могло приговорити како се издвајају од већине, како су неактивни и аполитични. Бојећи се за своја, или радна места своје деце/родитеља, за своје мале фирме, станове, имовину и личну безбедност, они су пронашли начин да, не доводећи то у питање, ни мени не учине ништа нажао. Иако их није красила храброст, имали су је довољно да ми – ако сам био на видику – током напада, мимиком, или на неки други начин (карактеристичним покретима слободне руке, на пример), дају тајне сигнале да саосећају са мном. Видео сам их како се залећу и, као бајаги, витлају каменицом, али сам сигуран да из њихове, мада замахнуте руке, она није полетела, или, ако се то ипак десило, није нанела никакву штету, било зато што је намерно усмерена на промашај, или зато што је то, с обзиром на њену сићушну величину, практично било немогуће.

Иако по правилу непознати, догађало се да међу гађачима препознам неког. Углавном, били су то пословни, богати људи, у свакидашњем животу узорни, достојни поштовања, често медијске и свима знане личности. Њихово појављивање искључиво се догађало приликом групних напада. То ме је навело на сумњу да они овде долазе по неком унапред сачињеном распореду како би остале, анонимне гађаче, храбрили у њиховом чину. Стога су ме, иако у незнатном броју, ти људи забрињавали више но силна маса непознатих.

Како сам, на пример, могао да прихватим чињеницу да је Антоније Брадић, симбол господствености и достојанства, произвођач али и трговац број 1 првокласним вуненим штофовима (моја боља одела од њих су сашивена), себи дозволио да у ову шаролику масу буде усисан снагом неке писане или, преко електронских медија, изговорене речи, ма како та реч била запаљива и сугестивна? Стари је то и добро превејани лисац да би се без неког јаког, углавном материјалног разлога, са каменицом у руци могао наћи овде.

Ту сам препознао и Илију Ристића, кога се сећам из мојих, а и његових, млађих дана: он на пространој бини, у светлосном снопу рефлектора, са микрофоном у руци, а ја са Вером, у сали пуној одушевљених љубитеља старих градских песама. Као и остали, и ми смо се одушевљавали његовим дивним гласом. Тај глас донео му је милионе и сврстао га међу најбогатије и најславније певаче у Граду. А сад сам, ето, могао да га гледам како, уместо микрофона, у десној руци држи каменицу којом замахује наовамо.

Па Нинослав Хотић, који живи од оног што је најлепше у природи, од цвећа. Производи га на великим површинама, продаје у сопственим бутицима широм Града. Из његових сам руку, у време кад се још пробијао према врху, примио (док нисам почео сâм да их гајим), ко зна колико дивних примерака гербера, лале, каранфила или ружа, намењене Вери или Жанки поводом неког догађаја, углавном рођендана. Какав пламен је, у глави тог малог добричине, могао да укреше варницу мржње против мене? Не, то су ме сигурно превариле очи, и ово што записујем истина не може бити.

Филип Галић? Његови ресторани, поређани дуж градске обале, од велелепних до оних са само два до три стола (намењених љубавним паровима), привлаче људе мирисима укусних и добрих јела, али и добрих, пробраних старих вина: господин Галић их лично производи и оплемењује у сопственим подземним подрумима. Истина, само сам неколико пута извео Веру на вечеру – једном са Жанком – у његов централни луксузни ресторан у коме нам је, сваки пут он лично, пожелео добродошлицу и угодно вече. Тих неколико виђења са њим било ми је довољно да закључим да је господин Галић, мада угоститељ, ретко образован и пријатан човек. Шта се то код њега, или код мене, променило да ми сада, наједном, постане непријатељ? У сваком случају, ако из овога извучем живу главу, на ум ми више неће пасти да будем гост у неком од његових угоститељских објеката, а и друге ћу свакако од тога одвраћати.

Нисам био у прилици да Љубомира Шкорића видим уживо, то се највероватније не би ни догодило да се он лично није обрео пред мојом капијом да би се придружио гађачима. Млад, витак, широким појасом утегнути господин, многа зимска недељна поподнева умео је, Вери и мени – понекад и Жанки – да испуни раздраганошћу и задовољством. Од гитаре, оне старинске, није се одвајао (бар не на телевизијском екрану), а свирао је у тако живом ритму да је понекад успевао и мене да подигне из фотеље.

Ипак, највише ме је изненадила наметљива појава Немање Рајковића, краља аутомобилске индустрије. Запамтио сам га као оптуженог за привредни, крвни или неки други криминал – поуздано се не могу сетити врсте – за који сам му некада судио. Овом приликом му у рукама нисам, истина, видео каменицу, али сам запазио како покушава да организује аморфну масу гађача – ваљда ради целисходнијег деловања. То му, на моју срећу, никако није полазило за руком. Вероватно љут због неуспеха, почео је, окренувши се наовамо, да довикује из све снаге: „Доста си судио другима" – заокруживши уста длановима, свој глас је усмеравао у мом правцу – „време је да те видимо на коленима." Узвик је силином и својим смислом деловао: уследили су аплаузи присутних. Кредибилитет господина Рајковића остао је неокрњен.

ПИСМО

Уз данашњи ЈУГРАН од Мирјане сам, на своје изненађење, добио и нешто посебно. Пружајући ми кроз шалтер новине – није их узела са уобичајеног места – рече обазриво: „Унутра је и лист папира на коме сам вам нешто написала."

По повратку кући видео сам да се не ради о листу папира већ о правом писму, исписаном не на једном већ на два повећа листа, запечаћеном у коверти и насловљеном са *Поштовани господине судија*. Коверта је селотејпом била фиксирана уз једну од унутрашњих страница новина како, случајно, из њих не би исклизнула пре него што је уочим и отворим.

Право писмо, дакле.

После извињења што ми се обраћа на овај начин („...други, паметнији, у овом тренутку ја не видим: наш разговор у киоску, или у Вашој кући, могао би ме одати и за мене бити веома опасан, ако не и фаталан."), Мирјана ме обавештава о стварима о којима, у постојећим условима, на други начин не бих могао ништа да сазнам.

Током многих месеци откако су почели напади каменицама, она је – пише – често била у прилици да из свог киоска, види и чује, како неки 'момци' наговарају пролазнике да се према мојој кући – „обично је следило показивање те куће руком" – бацају каменицама.

„Такође, виђала сам" – пише даље – „кад неко од тих 'момака', на дискретан начин, најчешће из платнене торбе намењене куповини намирница, или из непрозирне пластичне кесе, вади и неком од наговорених, предаје веће или мање каменице, једну или неколико њих, а понекад и све са кесом. Више пута видела сам кад новац прелази из руке у руку, а потом одлазак примаоца према Вашој кући и његово учешће у гађању. Запазила сам да, након сваке неповољне вести о Вама, скоро редовно долази до жешћих и масовнијих напада. У таквим приликама, долазила сам и ван радног времена па – претходно гасећи унутрашње светло уколико се догађај одвијао у вечерњим часовима – из киоска посматрала шта се дешава. Тако прикривена, у више наврата запазила сам да учесници у нападима долазе организовано, у групама. Те групе најчешће су пролазиле поред самог киоска, јер им је ту пут најпогоднији, па сам могла да чујем кад неки члан групе, вероватно њен вођа или организатор, даје упутства овом или оном припаднику да подстрекава пролазнике и шетаче на учешће у нападу и вређању Ваше личности."

Пошто сам га више пута пажљиво прочитао, Мирјанино писмо сам уништио: негде пред његов крај она ми је упутила такву молбу. Било ми је разумљиво страховање младе девојке да, којим случајем, њена улога у целој овој ствари не буде откривена.

Али сам, захваљујући запажањима којима ме је тако несебично даривала, схватио још нешто: праве мотиве једног дела гађача, поготово оних чије су каменице – на први поглед недовољно мотивисано – наовамо континуирано бацане непосредно после прве клеветничке информације на мој рачун. Таква 'информација', да би била што ефектнија и имала што већи домет и што трајнији учинак, морала је бити подупрта добро прорачунатим и добро темпираним каменицама. Онима чије 'лансирање' неће много каснити за сазнањем о недоличном понашању бившег судије и, истовремено, бити пример конзументима новинских информација како и чиме – 'каменовањем' мога дома – на такво понашање да реагују.

Ипак, ово сазнање није могло да доведе у питање моје већ формирано уверење, да највећи број гађача не припада категорији плаћеника. У оно што сам видео својим очима, ништа ме није могло разуверити па ни запажање девојке којој верујем без остатка: у поређењу са бројем оних из убеђења, непосредно подстакнутих добро прорачунатим и темпираним информација, број плаћених гађача у овом жалосном послу, био је далеко мањи. Препознавао сам их по лењим, рекло би се изнуђеним покретима и, често, одсутним погледима. По много чему подсећали су на алкохоличаре, на себи имали изношена и изгужвана одела, запуштене фризуре, неуредне браде. Штавише, њихово присуство и *одрађивање* наплаћеног, са гледишта успешности акције која је предузимана, било је без сумње контрапродуктивно. Посматрачима – неутралним или оним другим – као и потенцијалним гађачима, плаћеници су били лош пример: подсећали су на робијаше који тек што су се вратили са издржавања казне коју сам им, радећи свој судијски посао, пре коју годину изрекао. Зар са њима бити на истој страни? Ако они имају своје мотиве да чине то што чине – освета због заслужене казне – треба ли их у томе подржавати?

СЛИКЕ У НОВИНАМА

Пет дана после објављивања информације о садистичком поступку пензионисаног судије према црном псу, моја супруга Вера, враћајући се с пијаце, уместо у кухињу, уђе код мене у дневну собу. „То је нечувено", рече видно усплахирена, па се с напором спусти на столицу. У рукама је стезала ручке платнене торбе пуне купљеног поврћа. У супермаркету, удаљеном стотинак метара од наше куће – исприча ми – где је свратила да купи хлеб, пришао јој је неки човек и без икаквог разлога почео да је вређа. Десило се то у тренутку кад је, након разгледања, пружила руку да узме векну за коју се „очима определила." Иза себе је чула неко шушкање а потом и речи њој упућене: „Купујете хлеб да бисте нахранили оног..." Није – узбуђена – могла да се сети погрдног назива којим ме је незнанко означио (јер, очигледно, мета његовог иступа био сам ја), али је сигурна да је веома недоличан. Она му је рекла да је остави на миру и чак му – колико се сећа – „скресала у брк" неки назив сличан ономе који је он мени наменио. У том је тренутку, свакако чувши галаму неуобичајену на том месту, неко од особља супермаркета већ био на путу овамо, па је насртљивац, удаљавајући се, добацио: „Јесте, госпођо, ви госпођа можете бити, али онај садиста да буде господин – никад! То је..." Реченицу није завршио, али је, онако полуокренут, наставио: „Отворите било које новине и видећете ту кретенску фацу."

Пошто сам и даље ћутао, она устаде па торбу с поврћем остави у кухињу. Вративши се опет у собу, окренута прозору, закључи резигнирано: „Да је онај продавац, или шеф одељења, ко био да био, који је кренуо према нама, имао озбиљну намеру да ме заштити, морао је да заустави непознатог. Уместо тога, пустио га је да несметано оде. Јасно, јер дели његово мишљење. У овај супермаркет, мада нам је најближи, моја нога да ступи никада више неће. Никада, никада." Последње речи завршила је у сузама.

Откако сам пре пет дана, у телефонском разговору са секретаром Друштва за заштиту животиња од свирепости, сазнао да су некакве фотографије биле повод и једини доказ на којима је та организација засновала своју осуду „злостављања беспомоћног пса од стране бившег судије", туробно расположење није ме напуштало. Не толико због те осуде саме по себи – мада, разуме се, и због ње – колико због сложености процедуре којој бих морао да прибегнем ако желим да чињеничне и правне околности с тим повезане (Ко је аутор фотографија на којима је Извршни одбор Друштва засновао свој закључак о мојој 'кривици'? Шта је на њима представљено? Ко је предлагач 'осуде' а, посебно, ко је иницијатор да све то буде објављено у новинама?), ако желим да све те околности до краја разрешим на правно ваљан и људски прихватљив начин. Јер, први корак на том путу био би сачињавање нове, у укупном збиру замишљених а ненаписаних, треће тужбе по реду. Због стицаја низа неповољних околности, ту би, вероватно, морала да уследи четврта па, чак, и пета тужба. Где су рочишта која би иза тога уследила, где време потребно да, у целини, поступак буде окончан како бих његове резултате – судске одлуке у моју корист – могао да користим за доказивање своје невиности?

У таквим мислима затекла ме је Верина јадиковка. Зато и нисам био у стању да јој кажем неку реч утехе. Уосталом, која реч, које би речи биле одговарајуће? А да јој се придружим у јадању – то никако. Ипак, слушајући је, ниједног тренутка нисам поверовао да је њено понижавање било плод кратке и забачене информације из ЈУГРАН--а од пре пет дана. Тежина овог инцидента – а ја сам га сматрао тешким – по неком мом осећању, није била у сразмери са уочљивошћу, боље рећи неуочљивошћу и садржајем текста у том листу.

„Нешто друго, нека тежа ствар, мора да је тог насртљивца подстакла да нас вређа", рекох. „Сама кажеш да је он помињао мој лик у новинама. До сада, колико знам, мог лика у новинама није било. Осим ако га неки булеварски лист данас није објавио."

„Можда си у праву", одговори ми Вера. Овога пута била је смиренија. Заокупљена доживљајем онога што јој се догодило, тек сада је схватила да моје расположење нимало није боље од њеног. Сложисмо се да одмах одем за новине и тако сазнамо шта је по среди.

Мирјанино лице било је више но смркнуто кад ме виде. Тужно се осмехујући, кроз шалтер ми пружи ЈУГРАН и два друга листа. Наравно, ЈУГРАН ме овог пута није интересовао. По повратку кући бацих га поред себе па се посветих *Контакту* и *Пулсару*, новинама које сам, годинама пре тога, виђао изложене у киоску или у туђим рукама, али их лично читао нисам никад.

И у једном и у другом листу биле су објављене две, међусобно незнатно различите фотографије, са мојим ликом у средини. У *Контакту* при дну прве (рубрика *Актуелности*) а у *Пулсару* тек на осмој страни *(За љубитеље паса)*. Обе су приказивале, у искораку изнад унезвереног црног пса, бившег судију Вишег суда са тојагом у рукама (дршка брезове метле, која се видела, била је, у недостатку свог другог краја са брезовим гранама, обична тојага). Та тојага је, према стању на фотографијама, била узмахнута према телу, можда глави, пса.

На једној од њих судијино лице није било препознатљиво – угао снимања био је свакако узрок томе – али се у другом плану, у позадини, видела његова кућа с карактеристичном надстрешницом која га је одавала. За сваки случај, ту је било и новинарско објашњење које је искључивало могућност читаочевог двоумљења.

Ни за једну од ових двеју фотографија нисам могао да кажем да је лажна. Свака од њих верно је приказивала по један узајамно блиски исечак из стварног догађаја који се недавно збио наочиглед бројних сведока.

* * *

ПАЗИ: Не излази више из дворишта! Према слици из новина неко би могао да те препозна и нападне.

Неће ли ово бити својеврсни кућни притвор који су ми новине одредиле?

ОПТУЖБА СА ЕКРАНА

Изгледа да су дневни листови *Конtакt* и *Пулсар* пресудно утицали на градско јавно мњење објављивањем фотографија које ме приказују како тојагом замахујем према глави уплашеног црног пса. А можда су, да не би заостале, или их надмашиле, сем њих и неке друге новине објавиле нешто слично, чак и теже: снимател објавлених фотографија, ако је већ уприличио и снимио одговарајућу сцену, могао је да сачини читаву серију сличних и прода их и другим листовима широм Града. Нисам био у прилици а нити сам намеравао да то проверавам. Тако нешто било би тешко изводлјиво не само из практичних, већ и финансијских разлога: однело би добар део моје пензије. На крају крајева, шта бих добио тиме ако бих се уверио да су, осим *Конtакtа* и *Пулсара*, и неке друге новине објавиле исте или сличне фотографије? Или, обратно, да неке о томе нису јавиле ништа? У сваком случају, исклјучивао сам могућност да су неке објавиле текстове у којима ме узимају у заштиту. Из којих, комерцијалних, етичких или неких других разлога би то чиниле? Чији би уредник, у садашњим околностима, имао храбрости да направи такав корак?

Како било да било, током предстојећег периода моје име ретко кад да није поменуто у новинама које сам од Мирјане могао да добијем *(Тојаīа у рукама бившеī судије; Како је један судија делио īравду; Бивши судија оīасни садисtа; Сва срећа *што је бивши, какво би зло било да је садашњи...*), макар са неколико речи или узгредних реченица, директно или као пример у вези са неким другим случајем, догађајем или личношћу. Тако се и могло догодити да ме касно по подне, у информативној ТВ емисији коју иначе ретко гледам, а која је нека врста генералне пробе за ударњи вечерњи Дневник, са телевизијског екрана погледа право у очи једна однекуд, по нечем што је у мени будило пријатне асоцијације, знана ми личност. Споменувши моје име и презиме, та личност – човек средњих година, пријатне спољашњости – направи малу паузу, а потом, благим али одлучним гласом, полако, реч по реч, позва јавност „...да стане на пут насиљу над немоћнима, ма према коме било усмерено и ма од кога потицало, па макар то било од једног, некада угледног, судије Вишег суда...''

Саслушавши га до краја, а можда не до краја (не сећам се да га је нешто друго заменило на екрану), хитро се осврнух око себе да проверим није ли, сем мене, још неко био сведок онога што сам видео и чуо. Пошто сам се уверио да сам у соби сâм, искључих телевизор па се вратих у фотељу да се приберем и размислим како да бар Веру поштедим потреса до кога ће свакако доћи буде ли све текло по устаљеном редоследу. Јер, ако није гледала 'генералну пробу', изгледи да пропусти и вечерњи Дневник, скоро да нису постојали. Дневник је био институција а његово гледање обред, аналоган религијском. Пропустити га, било је равно греху. Вишеструко узастопно негледање код неких, углавном старијих људи, доводило је до осећања ненакнадивог пропуста а тиме и до несналажења у најобичнијим животним ситуацијама. Нас двоје од тога нисмо били изузетак: годинама већ, у одређени сат, ма колико били уморни и ма шта да смо дотле радили, седали смо наспрам телевизора, укључивали га и чекали да се обавестимо о догађајима дана на измаку и о временској прогнози за сутра. Како да то вечерас спречим а да ипак, овога пута од почетка, поново чујем и видим, и на тај начин утврдим, ко, где и којим поводом је на мој рачун изговорио онако тешке речи.

Кришом сам укључио видеорикордер програмирајући почетак снимања са почетком Дневника па, кратко време пре критичног сата, понудио Вери – било је ведро, тихо и топло, погодно за тако нешто – да је изведем горе (рекао сам 'изведем' и насмејао се), на 'наше брдашце' (опет сам се насмејао – у другим приликама узвишење иза куће за мене је било 'брдо'), где она иначе одавно није била, и тако, „уместо оне гњаваже у затвореној соби", омогућимо себи мало опуштања на чистом ваздуху, на месту где смо некад, обично у празничне дане, изневши столице за лежање, знали да проведемо читаве сате.

Иако сам, уз помоћ сна-полусна, током наредне ноћи успео да идентификујем загонетну личност, ипак сам био пун нестрпљења када сам сутрадан, провере ради, укључио видеорикордер. Са помешаним осећањем и задовољства и разочарања (задовољства – што је моје ноћно откриће било тачно; разочарања – што је крајњи исход свега тога био тако поражавајући), уверио сам се да је аутор оптужујућих речи са малог екрана нико други но славни, Вери посебно драг, драмски писац Василије Хаџић, сада председник Општине Градска обала, познат иначе као веома скроман, честит и отворен човек.

Слушао сам и преслушавао видео траку бар четири пута, једном чак не гледајући слику да ми визуелни ефекти не би одвлачили пажњу, али закључак донет из прве остао је непромењен: Хаџићева оптужба (изговорена, према најави водитеља, у поздравном обраћању приликом отварања симпозијума посвећеног нези и заштити кућних љубимаца), била је, бар кад је мене поменуо – а мало шта друго је из тог говора емитовано – одмерена, тихим гласом и без личних страсти и патетике изговорена и ја у њој, иако сам навијачки настојао да управо то откријем, нисам осетио ни трунку мржње, зле намере и подметања, чега у иступањима политичара – што је Васа сада несумњиво био – ретко да мањка.

И управо код једног таквог преслушавања у собу уђе Вера. Срећом, седео сам уз сам апарат, са увом уз звучник: у слици више нисам имао шта да тражим, глас говорников био је предмет моје пажње. Како сам, дакле, био уз телевизор и, штавише, руку држао на његовој тастатури, један мали, неприметан покрет био ми је довољан да га искључим и тако онемогућим да Вера чује шта је за домаћина ове куће рекао њен омиљени писац.

О МОТИВИМА ЈЕДНОГ ПИСЦА

(Фрагмент из Северне свеске)
Белешка број 38

Означивши ме насилником, Васа Хаџић то сигурно није учинио из ниских побуда. То не могу да прихватим. Ко је слушао преко радија, или гледао на телевизији, његов *Врапчији фактор* – а где је *Цветна грозница*, где *Жртва шумске сече,* па *Рањивост сивог ждрала* – такву помисао не може себи да допусти. Једноставно, аутор *Врапчијег фактора* не може бити човек нечасних мотива! Иза замахнуте тојаге на објављеним фотографијама, он је видео и доживео (он то још увек види и доживљава, тако ће бити док не САЗНА) више од онога што сама фотографија нуди, оно што замаху логично следи: туп ударац у мршаве псеће плећке, у олињали вратни део, чак у карактеристичну црну главу са козјом брадицом.

На овим фотографијама, истина, ја не видим насиље. Не види га ни Вера. Ми смо, међутим, обоје били *тамо,* учествовали смо у догађају; отуда ЗНАМО да насиља није било. То се за великог уметника не може рећи. Он верује слици. Да ли је његова природа, а сада и положај првог човека једне општине, то могла да прећути ма о ком 'насилнику' да је реч? Такви људи су посебног кова. Треба их разумети и када искораче преко црте.

Нажалост – и моју и уметникову – његов искорак био је превелик да би у свему могао да се оправда. Кад боље размислим, не видим ни један ваљан разлог зашто би га уопште требало издвајати од масе оних који су, слепо се поводећи за злонамернин информацијама, посезали за каменицама. У крајњој линији, генеза и мотиви су им исти. Суштина иста, само су средства којима ме 'каменују' различита. И он је, дакле, а да тога није свестан, жртва медијске кампање; секундарна жртва којој, с обзиром на улогу преузету у хајци против мене, термин 'хајкач' најбоље пристоји. Хајкач – који прогони примарну жртву у уверењу да поступа по својој слободној вољи, у корист општег добра. Чини зло у уверењу да чини добро.

Трагедија је и у томе што хајкачи постепено преузимају посао џелата: растржу и докусуравају примарну жртву. Штавише, својим делањем, они, често, превазилазе његову замисао тако да он, понекад, након остварења сврхе због које је клеветничку кампању преко мас-медија уприличио, своју жртву узима у заштиту од потпуног уништења. На тај начин, џелат стиче прерогативе доброчинитеља коме примарна жртва бескрајно захваљује за оно што јој је учинио. И – што је хајкач образованија и виђенија личност, посао џелата тим је лакши.

Тужно је што тај посао – улогу хајкача па, дакле, и одмене џелата у хајци против примарне жртве – најчешће врше људи од пера и емоција. Писци. У првом реду прозаисти. У ту паучину зна да се, понекад, заплете и понеки песник. Неки назовифилозофи, па и лекари, који се Јавности представљају као хуманисти, таквим поступањем се итекако рекламирају и на тај начин граде своју каријеру.

Наивно би било веровати да у томе, у неким случајевима бар, материјална корист не игра одређену улогу. Они који су спремни да плате за усмерено, пристрасно информисање (ако већ нису власници мас-медија, или немају контролу над њима по неком другом основу), неће се устезати – штавише, са тим издатком унапред морају рачунати – да и према хајкачима буду дарежљиви. Ово поготову ако, у току хајке, дође до неочекиваних обрта, отпора или застоја који, без додатне помоћи хајкача, не би могли бити отклоњени.

(Чудно: док сам исписивао претходне редове, непрекидно ме је опседао појам наученог убиства, као пандан наученог прогањања. И – шта сад? Од свеца на почетку, пред собом, на крају, видим сатаниног помагача. Славни драмски писац, Васа Хаџић, у улози убице по наруџбини!?)

РУЧАК У ВРТУ. ХЕЛИКОПТЕР

Пуна два дана нисам имао мира. Прогањала ме је мисао о поступку славног драматурга: шта га је навело да ме онако тешко оптужи пред јавношћу? Друго објашњење, осим да је сâм жртва медијске кампање против мене а да тога није свестан, нисам налазио. И док сам, седећи за трпезаријским столом, завршавао запис о томе, на вратима се, осмехнута и добро расположена, појави Вера. „Шта кажеш, а, да данас ручамо тамо?" кажипрст упери према средишњем делу врта.

Са неверицом устадох. Показивала је на невелики плато поплочан равним плочама неправилног облика од жућкастог пешчаника, градитељско дело – једино из те области – мог давно преминулог оца, из времена кад је, као ово ја сада, био у пензији. „Видиш какво је време", чуо сам даље Веру и видео покрет њене руке навише, према небу. „Твоје би било да нам сто и столице пребациш тамо (рука опет доле), а остало је Жанкина и моја брига."

Као да је знао шта ће снаћи његовог сина, мој отац је камени плато за обедовање лоцирао на добрих двадесетак метара од задњег дворишног зида куће, што га је, и у садашњим околностима, чинило безбедним и ван домашаја каменица завитланих са улице чак и руком најснажнијих и најзагриженијих гађача. Утолико је, међутим, мој задатак да тамо пренесем сто и столице био тежи, и то не само данас већ и у прошлости: њихово изношење одувек је, па и док ми је отац био жив и у стању да то сам учини, било моја брига. У ствари, ни у прошлости а ни сада, то за мене није представљало тешкоћу; штавише, чинило ми је задовољство. Тако ће, тим пре, бити данас, када сам на Вериномлицу видео добро расположење до кога ми је итекако било стало, чијем трајању сам желео што више да допринесем.

Прави разлог таквом расположењу нисам знао нити сам се журио да га сазнам, као да бих га својом радозналошћу одагнао. Не само да сам изнео сто и столице већ сам изнео, у ствари докотрљао, и метално-бетонско постоље за сунцобран иако то од мене није тражено. Потом сам сунцобран раширио поред стола: био је топао, ведар и пријатан дан, какав се за обедовање напољу пожелети могао. Настојао сам, иако опседнут Хаџићевом оптужбом и осећањем кривице што сам је тајио од Вере, да доброзм ручку и расположењу што више допринесем. Заштита од сунца, у случају да буде топлије но што се могло очекивати, добро ће нам доћи. Док су Жанка и Вера износиле тањире, есцајг и остало, понудио сам се да – због њене тежине – изнесем чинију са супом. „Ти само седи", рече Вера, не прихватајући да се даље трудим око постављања стола. „Празна чинија није тешка. Изнећемо посебно њу а посебно лонац са супом."

Док су припреме за ручак текле, у даљини сам повремено чуо, час јачи час слабији, звук хеликоптера на који нисам обраћао посебну пажњу. Једног тренутка, међутим, звук пређе у буку а ова достиже такву јачину да птице, у паничном лету, потражише заклон у нижим слојевима ваздушног простора и крошњама дрвећа. То потраја веома кратко, као изненадни удар таласа у обалу, па су припреме за ручак настављене као да смо на ово узнемиравање унапред рачунали. Летелица узе смер удаљавања и њен звук, на основу кога сам судио о њеном кретању, поче да јењава да би за који трен сасвим утихнуо.

Не потраја дуго, таман толико да Вера из лонца налије супу у чинију, а хеликоптер се опет врати. Овога пута, једним делом своје путање – закључио сам по јачини његове буке – пређе границу мога плаца да би се одмах потом, као у некој игри, поново удаљио. Кад коначно поче пуњење тањира супом – мој је већ био пун – хеликоптер се врати па изнад нас направи неколико кругова, застајкујући и повремено се нагињући на једну страну, ваљда да би његови путници имали бољи поглед терена испод себе. Приметих да се супа у мом тањиру мрешка и подрхтава. Летелица није кружила равномерно и правилно већ се, попут њихања на таласима, час подизала час спуштала, да би при једном таквом маневру и оштром заокрету, као да јој је то био циљ, левим 'клизачем' свог стајног трапа захватила и покидала нежне и витке врхове двеју тридесетогодишњих дуглазија чији елегантан пар је надвисивао остало дрвеће на највишој коти мог имања. Осим пилотове, кроз бочни прозирни ветробран видех две људске главе нагнуте над нама, једну са наочарима од дебелих рожнатих оквира, скоро прилепљену уз ветробран – врх власниковог носа због тога је био улубљен – као да жели да се увери шта имамо за ручак. Вера, која је прекинула са сипањем и стојећи чекала да се хеликоптер удаљи, не издржа но кутлачом, просувши у љутини мало супе, махну према њему и отера га у материну. Пилот као да ју је чуо и уплашио се гадне псовке, својој летелици нагло промени смер и она, напуштајући дотадашње кружно кретање, одлете према северу, где јој се налазио хелиодром.

Међу нама доле добро расположење, зачудо, не пресахну. Мене, штавише, обузе више но Веру, поготову када Жанка, подражавајући је, и сама својом кашиком поче да узмахује према сада већ одлазећој птичурини уз, изговарано иш, иш, иш. Поседасмо – јер сам у међувремену и ја био устао – и наставимо са ручком тамо где смо пре тога били прекинути. Био ми је веома симпатичан и, за моје расположење, подстицајан начин на који је Вера отерала ту бучну машину са нашег простора; подстицајан за расположење, али и за размишљање: како даље с њима? Све оне, ненаписане, тужбе у мојој глави, као и оне које су биле у изгледу, урачунавајући ту и моје свеске и белешке у њима, на тренутак ми се учинише сувише слабашним средством у поређењу са обичном кутлачом замахнутом женском руком према горе.

ЗА СТОЛОМ У ВРТУ, ПОСЛЕ РУЧКА

Када је већ било време за устајање од стола, Вера и Жанка ми открише прави разлог због чега су желеле да се овај ручак, бар по нечему, издвоји од претходних: 'наша мала балерина' данас, одмах по завршетку јела, одлази на Фестивал лепих игара. До званичног отварања, наредних тридесетак дана, као и током такмичења, боравиће у фестивалском кампу. То је, како су медији већ јављали, насеље од педесетак прелепих кућа, смештено у густој боровој шуми, на обронку нагнутом према југу, с друге стране реке. Централна зграда кампа, с великим бројем соба и дворана за увежбавање, али и за дружење, разоноду и исхрану такмичара и такмичарки, место је где ће Жанка – овде притиснута оним што се дешава око наше куће – моћи потпуно да се преда усавршавању својих такмичарских 'нумера'. Званични позив од организатора добила је још пре два дана, али је, у договору са својом мајком, од мене досада то тајила како би ми, непосредно пред одлазак, приредила ово пријатно изненађење. Моје добро расположење током, а поготову при крају ручка, упркос хеликоптеру и Хаџићу, тако доби необично али мени прихватљиво и једино могуће објашњење.

Али како своју радост, гледано из угла Жанкине понесености и оптимизма, нисам показивао на довољно очигледан начин, она се не уздржа: „Тата, изгледа, није свестан шта овај позив може да нам донесе", скоро ме оптужи код своје мајке.

Био сам итекако 'свестан' шта поменути 'позив може да нам донесе', али сам се уздржавао да то на богзна како упадљив начин изразим. Фестивал балета, званично назван и промовисан као Фестивал лепих игара (ваљда зато што су балетским придодате, и у програм уврштене, и неке друге игре које са балетом скоро да немају никакве везе), дуго је најављиван и био предмет информација и коментара у јавним гласилима. Било би незамисливо да о њему довољно не знам. Оном приликом, када је тетовирани силеџија Жанку назвао курвом а мене баченом каменицом повредио, она се враћала са једне од својих напорних проба у склопу припрема за тај Фестивал. Мада о томе нисмо говорили, сви смо се у кући потајно надали да ће њена победа у женској конкуренцији, у коју смо малтене били сигурни, или бар висок пласман на Фестивалу, означити крај нашим страдањима. Лепе игре су лепе игре, мас-медији су сентиментални преме њима, према балету поготову. Неће, дакле, моћи, чак и ако би то кварило нечије рачуне, да прећуте и игноришу Жанкин успех. А одатле, до промене става и према мени, њеном оцу, дакле до пуне истине и краја овим недаћама, само је један корак.

Управо због полагања толике наде у оно што би њен успех могао да нам донесе, пред њом сам сада потискивао своју радост. Нисам желео да јој откријем колико очекујем из бојазни да, на тај начин, задовољство које јој доносе балетске игре и спонтаност са којима им се предаје, не преобратим у терет и обавезу који ће је спутавати током такмичења. Некако ми се чинила сувише ваздушастом и мршавом, сувише крхком и слабом да би на својим плећима могла да понесе сав терет мојих нескромних очекивања. Па ипак, на неки необјашњив начин, веровао сам у њене снаге. Можда су крхкост и ваздушастост симболи њене игре.

„Знам", рекох, „знам врло добро шта овај позив може да нам донесе. Он нам је, у неку руку, нешто од тога већ донео: твоју радост. А већ сама твоја радост, нас чини срећним. Видиш ли како ти мајка сија од среће? Зар то није довољно?"

Жанки то, очигледно, није било довољно: трагови претходног незадовољства само делимично ишчезоше са њеног лица.

Зато сам говорио даље: „А може да нам донесе да једна девојчица из ове куће – де, де, не љути се, па ти ћеш за своје родитеље, али само за њих, увек бити девојчица – да једна млада дама из ове куће, заузме висок, веома висок пласман на Фестивалу. Чак, можда, буде једна од оне три такмичарке које се по завршетку Игара пењу на победничко постоље да би из руке првог човека Града примиле победничке трофеје и медаље."

Био сам задовољан оним што сам рекао и начином на који сам то учинио. Сада сам, са пуним правом мислим, очекивао повољну реакцију с оне стране стола.

Овога пута, међутим, Жанкино лице као да остаде немо: није показивало ни знаке задовољства ни незадовољства. То што сам на њему уочавао пре је могло да буде знак неверице, чак сумње у потпуну искреност оца. Не због изговореног, већ због прећутаног. Зато додадох: „Ако тренутно са мном нешто шкрипи – а шкрипи – нека те то не брине. И проблеми те врсте саставни су део савременог живота. Имаћемо снаге и наћи начин да их превазиђемо. Брзо ће се то догодити. Зато, док будеш тамо, у кампу, а и касније кад Игре и такмичења почну, ти, једноставно, не мисли на то. До краја буди посвећена у своје игре. Уживај у њима. Ако заузмеш високо место, утолико боље и више разлога за радост."

Последње речи као да беху погодиле у сам центар њеног бића: у очима јој бљеснуше сузе. Или ми се то, можда, само учинило, тек ја замало да поверујем како својом женском проницљивошћу моја кћи почиње на мом лицу да открива брижљиво скривану стрепњу због онога што је Хаџићева оптужба могла да нам донесе. Погурну столицу иза себе и устаде. Приђе до мене и отпозади ме загрли једном руком.

Нисам могао да се сетим када је последњи пут нешто слично учинила. У сваком случају, не скоро. Тако је – ето опште, али због тога не мање драге, слике у мом памћењу – као сасвим мала девојчица често волела да ми се – обично задубљеном у судске списе – прикраде отпозади и ручицама ме ухвати за очи, захтевајући да погодим 'ко је'. Када бих, након *Ко ли то може бити* и помињања Вериног или имена наше ондашње кућне помоћнице, коначно 'успео' да на постављено питање дам прави одговор, она се кикотала из свег гласа и, са својим уз мој образ, звала мајку да јој исприча шта се догодило. И Вера се онда смејала, а смејао сам се и ја. Највише се, ипак, смејала она.

У нашој кући, пре данашњег, таквог смеха одавно готово да није било. Никаквог. Одавно – у ствари откако су почели ови догађаји. Угашен је првом каменицом и првом лажном вешћу. Покушавали смо да га у међувремену обновимо јер, ипак, све то одвише дуго траје. За доживљаје ове врсте поготову. Било је и затишја за то време, довољних да поверујеш како је све завршено. И таман да се осмелиш и насмејеш, из неког јавног гласила груне некаква 'нова' квази-информација и све, поново, врати у претходну ћутњу. Чак ни осмеха за то време није било. На Верином лицу нисам га видео све до јутрос кад ми је предложила да ручамо у врту.

Требало је то издржати и опстати. Не потонути у очај и безнађе. Сачувати разум. Лажним и злонамерним информацијама и каменицама супротстављати се достојанством и уздржљивошћу. А за то време ићи на пијацу, у продавницу меса и месних прерађевина, до бакалнице за неку на први поглед безначајну ситницу, у продавницу млека и млечних производа, до бутика за текстил и обућу, до пекаре за хлеб и пециво, у робну кућу, супермаркет. Иако је претежни терет тога углавном подносила Вера (моје појављивање на улици, после лансирања фотографије са црним псом, могло је бити опасно), Жанка је била највећа жртва ових догађања. За разлику од Вере, која је у куповину могла да оде раније или касније, за њу је време заказаних проба био императив опстанка у врху балетске сцене. Ако је Вера себи дозвољавала понеки несклад у облачењу, Жанка је увек морала бити беспрекорно одевена, а, уз то, насмејана и, бар наизглед, добро расположена. Она није смела да заостане за другима ма шта се понекад овде догодило (што год смо и колико год смо могли, Вера и ја смо од ње тајили или му умањивали значај), морала је да одржава кондицију и ритам напорних проба, макар због тога који килограм и смршала – што јој се на крају и догодило. Ако је Вера неком насртљивцу, било у продавници било на улици, на нанету увреду у вези са текућим догађајима, умела и могла да узврати равном мером, Жанка то себи није смела да дозволи. Морала је да буде изнад тога. Једноставно, такве ствари морала је да превиди и пречује. Њеном душевном снагом да то постигне и одржава, често сам био више но задивљен. Колико то дете може да издржи а да напети лук не прсне, питао сам се пун стрепње много пута.

Могло се то само са уверењем да оно што следи јесте коначна и потпуна правда, казна за виновнике и повраћај изгубљеног, како угледа тако и имовине. А такво уверење у нашој је кући било природно као смењивање годишњих доба или ноћи са данима, као ваздух који удишемо: сматрали смо сасвим нормалним да на крају мора доћи до разобличења оних који су злонамерно и неистинито писали или говорили, до откривања њихових мотива, руке која је све то гурала, координирала, подстицала, финансирала, било непосредно новцем, било бенефицијама, обећањима, уступцима, повлашћеним положајима. Жанка је поготову у тако нешто била убеђена. У ком би светлу, иначе, могла да гледа и види човека – свога оца – који је цео свој живот посветио бавећи се тим стварима?

„Добро си рекао, тата", коначно чујем њен глас изговаран тик крај мог ува. „То што ти сада трпиш биће кратког века. Мора. У шта би, иначе, овај Град могао да се претвори у будућности? У зверињак."

„Време је да кренеш, дете моје, ако не мислиш да закасниш", прекиде нас Вера.

Пошто овлаш погледа на сат, Жанка настави: „Живот балетских играча на отвореној сцени, онај прави, најефектнији живот, то је – како се обично каже – као док лупиш дланом о длан. Ти си, тата, тридесет, па и четрдесет година могао да решаваш сукобе међу људима. Сигурна сам да то и сада можеш. Као што је и мама могла, и још увек може, да се нађе у невољи болесними. А ја? Да на Фестивал овога пута нисам позвана, ко зна да ли би ми се икад више указала слична шанса. Јер, шта ћу и у каквој ћу форми бити у време одржавања наредног фестивала? У најбољем случају, наставница у некој школи балета. Једноставно, моје време је сада. Овај а не неки будући фестивал лепих игара."

ЗЛОСЛУТНА ВЕСТ

Верујем да аутобус са Жанком и другим учесницима фестивала није био далеко одмакао на свом дугом путу према фестивалском кампу, кад из правца наше куће нешто као да лупи. По самом звуку могао сам да закључим да се не ради о удару бачене каменице, поготову не у цреп или прозор. А то ми је у овом тренутку било најважније. Са платоа за обедовање већ сам био уклонио сто и столице, као и сунцобран са постољем, и почињао неки други посао. У том тренутку, малтене истрчавши кроз задња врата, на веранду се неочекивано појави Вера. Опасана кухињском кецељом и подврнутих рукава, нечим ме у изразу свога лица подсети на јако престрављено дете, или кошуту којој су ловци за петама па овде тражи заклон. Одмах сам помислио: Хаџић. И одмах кориговао свој закључак о природи звука који сам пре тога чуо. Поверовао сам да је кухињски прозор, мада на бочној страни и, стога, са улице тешко доступан за пун погодак каменицом, прва жртва Хаџићевог позива јавности да 'стане на пут насиљу над немоћнима ма од кога долазило."

Јер, речи великог писц и када су, од стране глумаца у његовим драмским комадима, изговаране на позорници или малом екрану, неретко су изазивале бурне коментаре или аплаузе. Било би право чудо да сада, неки дан после оптужбе коју је на мој рачун лично изговорио, гледаоци ударне информативне телевизијске емисије остану равнодушни. Почело је, дакле, скоро да гласно рекох себи.

Вера, међутим, уместо да пође до мене и каже ми шта се догодило, остаде да стоји на веранди. Тренутак затим, пошто се увери да сам је видео, нагло седе, скоро се сруши, на једну од столица за округлим сточићем. Престрављена, непрекидно је гледала према мени.

Пожурих одмах тамо.

„Кухињски прозор?" питао сам, приближавајући се веранди.

Одречно махну главом.

„Кухињски и још неки прозор?" питао сам даље.

„Не, није", одговори. „Седи", додаде и уздахну.

„Од чега онда онај тресак?"

„Од чиније за супу", рече и мени лакну.

Истина, елегантна, али некако превисока за своју намену, са ослонцима и рукохватима у облику канџи неке зверке, порцуланска чинија за супу, мада најмаркантнији комад нашег породичног сервиса за ручавање, никада ми се није – за разлику од Вере која ју је називала краљицом сервиса – нарочито допадала. Једноставно, нисам био љубитељ непрактичних ствари.

„Па шта с тим?" рекох. „Понашаш се као да нам је у кућу пала бомба."

„Бомба, рекао си. Скоро да си погодио", успе да каже, па ми исприча шта се догодило.

Испирала је посуђе испрљано током ручка. Пре него што је приступила послу, укључила је радио како би јој, уз рад, „време брже пролазило." На програму који је одабрала најављена је емисија „за младе и мало старије", посвећена спорту и поподневној разоноди, под називом *Ред текста, ред музике*. Управо нешто тако одговарало је њеном расположењу: због повољног развоја догађаја у вези са Жанком, пожелела је да се мало опусти, накратко буде „у њеним годинама." Неко време све је нормално текло – музичке нумере смењивале су се са вестима из спорта, било је чак и неких шала – до тренутка када је поменут Фестивал лепих игара. Глас водитеља најавио је информацију („почео причу") у вези са припремама за тај фестивал. Разуме се, Вера је сада сву своју пажњу усмерила на оно о чему је водитељ емисије говорио. Иако његова „прича није била дуга", успела је да схвати како је на последњој седници Организационог одбора Фестивала извесни НН (име није запамтила), предложио да... „Трудила сам се да целу ту, кључну, реченицу запамтим. Мислим да сам је од речи до речи и запамтила. У тренутку док је изговарана, у рукама сам, над судопером, држала 'краљицу' сервиса за ручавање. Млаз воде, којом сам је дотле испирала, сасвим сам искључила да ми његов шум не би сметао при слушању. Када сам чула оно главно, 'краљица сервиса' ми се оте из руке и својом бочном страном удари у спољну ивицу судопере. Тако се, нека је ђаво носи, претвори у гомилу крша, делимично у судопери а делимично по кухињском поду. Али сам, зато, успела да сачувам и у својој глави довде изнесем, неокрњену, целу, ту проклету реченицу, да бих је, онакву каква је, и теби пренела да је својим ушима чујеш. Она – добро ме слушај – у најважнијем делу гласи: '...предложио да неким балеринама, због онога што се дешава у њиховим двориштима, буде ускраћена могућност да учествују у такмичарском делу Фестивала лепих игара.' Јеси ли чуо? Јеси ли разумео? Сад је на тебе ред – своје мишљење ја већ имам – да је по свом слободном судијском уверењу што непристрасније протумачиш. Немој да ме штедиш кад је истина у питању. Кажи ми све. Отворено. Боље да будем, до краја и потпуно, у све упућена, но слепа код очију. Који је прави смисао, који могући домети ове злослутне вести? Шта нам непознати предлагач то припрема? Шта да очекујемо? Постоји ли реална опасност да Жанка буде лишена могућности да се такмичи на Фестивалу? Ако постоји, како да то предупредимо?"

Мој закључак, нажалост, у свему се поклапао са Вериним. Читао сам га с њеног лица, није морала да се излаже напору да би ми га речима исказала. Ако је између мог и њеног мишљења нека разлика и постојала, могла је бити једино у чињеници да сам ја знао оно што она (мојом заслугом) није знала: да најновија опасност, која се надноси над будућношћу наше ћерке, црпи своју снагу из тридесетак, преко телевизије на мој рачун изговорених речи од стране, у нашој кући годинама већ омиљеног, великог драмског писца.

ИЗНУЂЕНИ КОРАК

Медијски наговештај могућности да Жанка, мада већ на путу за фестивалски камп, буде искључена из такмичарског дела Фестивала лепих игара, изнудио је од мене корак на који се ни под којим другим околностима не бих одлучио: позивање новинара, заказивање неке врсте конференције за штампу у својој кући. Нисам, једноставно, могао да замислим да 'нашој малој балерини', неко, ма ко то био и на ма како тактичан и дискретан начин то чинио, саопштава одлуку чији смисао је да на Фестивалу нема шта да тражи и да из фестивалског кампа мора напоље! Жанка је веома сензибилна и, можда стога, понекад непредвидљива личност. Ко зна шта би после једног таквог доживљаја била у стању са собом да учини.

Дуг разговор између Вере и мене претходио је оваквој одлуци. Започели смо га средином поподнева, одмах пошто смо се сложили о смислу вести са радија, а привели крају касно увече. Прање судова испрљаних током ручка још није било окончано, чинија за супу још је, у неједнаким комадима, лежала делимично у судопери или на њеним ободима а делимично по кухињском поду, а ми, Вера и ја, на полуотвореној веранди свога дома, час смо, као заљубљеници, седали једно уз друго на стару дрвену клупу а час, као докони пар који убија досаду, устајали и шетали око ње да би смо јој се опет враћали и тамо остајали непомични као прикованог за њене тврде летве.

Иако ме моја супруга није оптуживала, све се, хтели-не хтели, током нашег дугог разговора, вртело око закључка да нисам учинио и да не чиним ништа, или бар ништа што би дало резултате сада и одмах, чиме бих породицу заштитио од зла које на нас призивају мас-медији. Какав сам ја домаћин куће, једини мушкарац у њој, зрео и већ презрео човек, када на такав начин – прибелешкама и свескама, или имагинарним процесима против неидентификованих злочинаца – покушавам да станем на пут лавини која се ваља према нашем дому претећи да нас смрви?

„Ако уопште намераваш да учиниш нешто за спас нашег детета, сада је време за то", рекла је једног тренутка Вера. „Ако то не учиниш сада – када ћеш."

Она је још увек, заборављајући колико ми је година, веровала у моју негдашњу снагу, и из те њене вере с једне, и моје тежње да је не разочарам и увиђања да се у овом тренутку нешто заиста мора учинити, с друге стране, родила се одлука да, под хитно, спас своје породице потражим у директном обраћању мас-медијима. Као правник по струци и доскорашњи судија вишег суда, морао сам да знам, а ако не знам да пронађем, излаз из круга чијим су се обимом, тиражи, слушаност и гледаност јавних гласила, с једне, и догађаји око наше куће, с друге стране, у узајамној, нераскидивој симбиози, подстицали и утркивали међу собом, да би им се, ево сада, и наша кћи нашла на путу, у непосредној и озбиљној опасности да постане њихова жртва.

У ствари, идеја да одбрану почнем са места одакле се подстиче напад, није била Верина већ моја. Иако ме је најновија вест са радија принудила на тај корак и убрзала га, моје размишљање да се обратим непосредно мас-медијима и да, користећи њихову моћ, у јавности изменим, тачније речено рестаурирам, пре ове кампање постојећу слику о себи, није започело тог поподнева. Хтео-не хтео, и раније сам запажао да мас-медији конце ових догађаја држе у својим рукама и да, без њихове приволе, никаква сила неће моћи да ми помогне. Шта би ми, на пример, у овом тренутку користила правоснажна судска пресуда којом са *Призма* обавезује да на својој трећој страни објави мој одговор на прву злонамерну информацију , чак и извршење те пресуде – објављивање мог одговора у целини? Шта би наболье за моју породицу могло да се промени ако би Јавност била у прилици да сазна под којим је околностима на мене бачена прва каменица – сада када ме је Хаџић јавно оптужио за садистичко иживљавање над беспомоћном домаћом животињом? Веза између праузрока, између прве темпиране информације и каменице с једне, и овог што се догађа данас с друге стране, протеком времена постала је занемарљива, знана и уочљива само ономе кога се тиче: мени. Ником више. Текућа кампања добила је сва својства и елементе стихије којој се споља, чак и да хоће, нико успешно не може супротставити. Кад кажем 'нико', не заваравам се: у виду имам и правосуђе! По мојој процени, у овом тренутку, природна жива сила мас-медија далеко превазилази практичне могућности судских органа. Својом евентуалном, на закону заснованом, интервенцијом у корист моје ствари, суд би, у постојећим околностима, произвео ефекат супротан од жељеног, распламсао текућу хајку ('Притиснуто јаче више скаче'), ако не јавну, коју би судска наредба формално могла да обустави, онда тајну, ону између редова, по кулоарима, најефектнију, распламсао је до мере довољне да на њеном пламену све троје сагоримо. Управо стога, идеја да ускакањем у коло те стихије, изнутра, покушам с неким продором, изгледала ми је вредна напора. Као глава породице, чији је најмлађи и најрањивији члан угрожен, такве напоре нипошто нисам смео да пропустим, слагали се они или не са погледима које сам на такве ствари имао одраније.

„Ако нешто не предузмеш сада, када ћеш", одјекивао ми је у глави уздрхтали Верин глас. „Ти, свакако, од мене боље знаш шта да учиниш, коме да се обратиш. Ипак, дозволи, да кажем шта бих ја учинила."

Она би кренула од представника највиших градских власти, лично се обратила самом председнику Града, можда председнику градске владе или председнику градске скупштине. Није искључивала ни председника наше општине. „У сваком случају", рече из полумрака који је увелико освајао, „ако нигде не буде ишло, мораћеш да покушаш и код самог председника Заједнице градских општина."

Шта је на то требало да јој кажем? Да је њен предлог, бар што се самог врха градске власти тиче, чиста бесмислица? То би је увредило. Осим тога, такав би одговор био још већа бесмислица – ако не и глупост – но њен предлог: зар од мајке, оправдано уплашене за судбину свога детета, очекивати да се држи прописаног поретка и редоследа ствари?

Разлоге о томе којим путем намеравам да кренем изнео сам јој упола гласа, као да сам се пribojavao нечијег прислушкивања. А, у ствари, ни самом себи их пре тога, до краја и изричито, нисам био обелоданио. Требало ми је напора да то учиним сада, да их на јасан начин предочим не само Вери но и себи. Објашњавајући их њој, објашњавао сам их себи. Али, најпре је требало објаснити због чега њен предлог није прихватљив. Срећом, свежина наилазеће вечери помогла је да ми глава, упркос свему, остане бистра и хладна.

„У вести са радија", почех, „име наше ћерке није изричито поменуто. И добро што није. Изражавањем страховања да од више десетина других такмичара и такмичарки она буде искључена, посредно бих, људима из врха, сугерисао управо такву, дакле одлуку коју желимо да предупредимо. Осим тога, интервенисање, у ма ком смислу и ма у чију корист, од стране представника извршне или законодавне власти, власти уопште, код уметничких, спортских и њима сродних асоцијација, никоме није симпатично. Напротив. Таква молба једног судије, макар и бившег, лако би могла да се схвати као доказ да са њим и са његовом ћерком, ради које се тражи интервенција, нешто није у реду. Ето, адута више у рукама оних који настоје да њој онемогуће наступ. Коначно", закључио сам, „таква би молба, на личност бившег судије, бацила ново светло, које би хајку против њега могло да учини оправданом. Злонамерним новинарима то би могло да да̂ подстицај за нове нападе на нашу породицу, истовремено их амнестирајући за оно што су нам досад чинили и учинили."

Вера је ћутала неко време а потом прстима почела да добује о наслон дрвене клупе – знак нестрпљења да што пре сазна моје планове.

Тако се избор наметао готово сам од себе. Најпре сам, уопштено, почео о обраћању новинарима, потом о могућности да их позовемо у нашу кућу. (Синтагму 'конференција за штампу' пажљиво сам избегавао: због нечега ми се није допадала). „Ако неког не можеш да победиш, придружи му се", превалих преко усана нечију мисао и осетих, први пут у животу, прескок у раду срца. „Остају нам само мас-медији и добра воља оних који у њима раде; добра и слободна – без овог другог илузија је оно прво."

Опет сам заћутао не налазећи одмах речи за наставак, или, можда, очекујући Верину реакцију. Иза наших леђа, или испред нас, у ствари одасвуд, чуло се нешто што сам називао дисањем Града: нешто као подрхтавање ваздуха због непрестаног рада аутомобилских и других мотора, вечерње дозивање млађарије, повремени, на таласу поветарца донет, такт неке музичке нумере. И много тога још. Шумови оног другог дисања Града, унутрашњег, које обнавља његов живот и чини га оним што јесте, нису се чули са места на коме смо се Вера и ја налазили. Но ми смо га итекако интензивно доживљавали, иако је текло у затвореним и од нас подоста удаљеним просторијама и халама. У ово време, време ударних информативних емисија, и штампања новина које носе сутрашњи датум, оно је свакако било веома живо. Шта ако се, управо сада, кроз етар емитује и на папир утискује вест да је нашој ћерки забрањено учешће на Фестивалу?

„Ваљда ћу успети да придобијем неког од њих", потекоше ми речи. „Аргументима и истином – чиме би другим. Нека се, међу онима које ћемо позвати, нађе само један усамљени витез, ствар, у нашу корист, из темеља може бити измењена. Јер, борба у коју би се он упустио била би борба за поштену ствар, а сама свест о томе мотивисала би га да је води. Од мотивисаности до храбрости један је корак. Ја не сумњам да ће се такав наћи. А ти?" упитах неочекивано.

Чинило ми се, кроз сумрачак, да Вера потврдно клима главом. У сваком случају – ако, можда, нисам добро видео – осећао сам да моје мисли и вера у успех делују и преносе се на њу. А то ми је било довољно да наставим.

„Наћи ће се, наћи ће се такав", говорио сам са неочекиваним жаром, као да ми је много година мање. „Штавише, може их бити и двоје или троје, било да раде свако за себе, било заједнички. Најбоље би било да сви буду из једне, исте новинске куће, рецимо неког новог, тек покренутог листа, на челу с неким храбрим и истинољубивим власником или уредником. Листом коме је потребна помоћ за стартовање. А откривање чињеница које се нашег случаја тичу, и њихова презентација јавности Града, за такву сврху било би им као поручена. Такви знају да буду најхрабрији. Ако ни због чега другог, а оно из пркоса према својим старијим колегама. Морам се потрудити, пре него пошаљемо позивнице, да сазнам имена или наслове што више таквих и позовем их овде. Некако – то теби отворено могу да кажем – више верујем њима, почетницима, но онима са дужим стажом у том послу. Можда зато што су нас стари довели у овај положај и што се поводе један за другим као карике неког јединственог ланца, чланови једног истог, добро увежбаног хора. Разуме се, не искључујем могућност да се неко из 'старе гарде' прихвати овог посла. Рецимо, неки угледни лист који се досад, што се нашег случаја тиче, није поводио за осталима; коме је тираж негде око доње границе рентабилитета и опстанка не зато што је лоше, већ управо зато што је поштено информисао. У сваком случају, ко буде прихватио изазов ове ствари, мораће да дела прецизно, брзо, смело. Сама природа случаја гониће га на то. Његова борба, наравно, не мора толико бити нас и хуманизма ради, колико ради њега и његове каријере. Но то, с наше тачке гледишта, и није толико важно. Жанкина шанса да на предстојећем Фестивалу заузме водећу позицију у балету – а ја не сумњам да ће она то успети – мора бити спашена по сваку цену."

Ненавикнут да много говорим, скоро да сам се заморио од силних речи. Знао сам да треба да заћутим, то сам и хтео, али – узнемирен – нисам могао. Иако није била прилика за то, поменух, збрда-здола, како сам као млади правник, бар неколико пута дошао у оштар сукоб са неким 'типовима' који су о праву и Правди говорили с подсмехом и неверицом, тврдили да право и Правда досежу донде и оноликo докле и колико то погодује једном или двојици, највише тројици, најмоћнијих људи Града. „Како су ме, да знаш, таква сумњала љутила онда", вајкао сам се Вери. „А, међутим, вечерас ми се чини, дошло је време да се са њима сложим. Нешто као да се у мени ломи. Да ми је неко рекао онда да ћу доживети да ми судбина зависи од добре воље или милости овог или оног листа, овог или оног новинара или уредника, сматрао бих га неозбиљним, ако не лудим. А кад о свему боље размислим, долазим до закључка да ми је *Призма* још својом првом лажном вешћу пресудила. Све што се касније догодило – каже ми неко осећање – само је наставак тога, ма како нам се чинило да једно с другим нема везе."

Још много тога рекао сам у истом смислу, а говорио сам и док смо, убрзо потом, по мрклом мраку, устајали са старе дрвене клупе. Већ дрхтећи од хладноће која је са приближавањем ноћи освајала, још увек смо, полушапатом, говорили о неизвесној сутрашњици, кад се огласи Гара и прекиде нас, истовремено ме подсетивши да је одавно време за његову вечеру.

„Чуј, Вера", рекох, главом показујући у правцу пса, мада несигуран да је у оној тмуши она мој покрет могла да види. „Гара је, не заборави, један од доказа о којима сам малочас говорио. И он је с нама на истој страни. Искористили су га – оним фотографијама – и, ето, докле су нас довели. Сад је време да се, уз његову помоћ, сазна истина."

„У реду, у реду", рече она. Потом, притиском на прекидач, упали светло и, жмиркајући да прилагоди очи бљеску, пође према кухињи. Међутим, пошто начини корак-два, заустави се, остаде тако који тренутак па се нагло окрете према мени и, гледајући ме у очи, рече: „Не може родитељ чије дете није срећно да буде сасвим невин."

Са њеним речима потпуно сам био сагласан. Уколико се нашој Жанки нешто деси

(Последњом, недовршеном реченицом, завршавају се Теове белешке у Северној свесци. О текућим, и догађајима који ће уследити, нема, нажалост, никаквог трага ни у другој, Јужној свесци.)

ДРУГИ ДЕО
СУДИЈИ ОДБРОЈАВАЈУ

СЕВЕРНИ СУСЕД

Пошто је нахранио пса и угасио спољње светло, Тео се врати у кућу и узе Северну свеску. Отворивши је – била је скоро испуњена – поче да пише о тек завршеном разговору с Вером, о кораку на који се одлучио, али највише о разлозима који су га навели на тај корак.

Чинило му се да је, изабравши новинаре за пресудитеље у својој ствари, изневерио себе и ред коме је као заклети судија припадао. Јер, према вечерашњој замисли, Велика Расправа би пред њима требало да почне и да тече. Отуда снажна потреба да пише и образлаже и на тај начин тражи разумевање и праштање за овај још неучињени али, сасвим извесно, предстојећи корак. Јер, назад се није смело ако је желео да спаси своју ћерку од понижења и, у крајњој линији, породицу од уништења.

У таквим мислима и потреби да их – овога пута тешко читљивим рукописом – излије на папир, чу кад се из улазног предсобља огласи телефон.

Једним делићем свести хватао је и друге звукове, чуо Веру како послује по кухињи, отвара врата од шпајза и звецка тањирићима и виљушкама – свакако припремајући вечеру – па одлучи да њој, иако двоструко даљој од телефона, препусти да подигне слушалицу: уколико је позив њему намењен, уграбиће још који тренутак да заврши започету мисао, а ако неко њу зове, и све што му је вечерас било на уму; јер ко зна како ће, ако то сада не учини, провести предстојећу ноћ и да ли ће сутра бити у стању да настави тамо где га је телефон вечерас прекинуо.

Ипак, започету реченицу није успео да заврши. Док је писао, Вера је прешла пут од кухиње до телефона, подигла слушалицу, обавила уводни део разговора и – ево је нагнуте према његовом уву: „Неки северни сусед", шапну. „Неки Жарко Дојчиновић. Тебе тражи."

Невољно чинећи то, Тео из њене руке преузе слушалицу и, док ју је приносио уву, чу понављање онога што је од Вере пре тога већ сазнао: „Овде ваш северни сусед, господине Зарићу. Жарко Дојчиновић…"

Са северне стране Теов плац граничио се већим комадом запуштеног, ненасељеног градског земљишта које је припадало општини Градско Језгро чији је житељ и сам био. Тек на другом крају тог земљишта, знатно удаљеном од Теове куће, било је стамбених зграда чији станари су се, условно говорећи, могли сматрати Теовим суседима. Те зграде су, међутим, припадале суседној, уједно најбогатијој градској општини Вршни Дел.

„Колико је мени познато", сувим, скоро нељубазним гласом рече Тео а да претходно није потврдио своје присуство с ове стране телефонске везе, „ја на северној страни немам суседе, јер на тој страни…"

„Дозволите, поштовани суседе, да вам, ако вам моје име ништа не каже – Жарко Дојчиновић, да га поновим – дозволите да вам објасним да сам тек однедавно ја ваш сусед. У ствари, откад сам, куповином на јавној дражби, постао власник парцела које се са своје јужне стране граниче северном страном вашег имања. Па, ето, по том основу узео сам себи слободу да се назовем вашим северним суседом…"

„Но, добро", уморан, прекину га Тео. „Реците зашто сте звали."

„Ја се извињавам, заиста много се извињавам, што сам изабрао овај, можда неподесан начин да вам се обратим за овако важну ствар. ...Просто ми је непријатно да вас тек тако... Па, ево, поштовани господине Зарићу, да вас упитам да ли бисте и под којим условима бисте – а верујте, спреман сам да вам испуним и оне најделикатније чије испуњење је у мојој моћи – да вас упитам да ли бисте... пристали... продали своју кућу?"

Тео осети навалу крви у десну слепоочницу, ону у коју се, полазећи од горњег обода аркаде, уливао окомити ожиљак од ране нанете му првом каменицом. Истовремено, поче да се зноји, мада нимало није било топло. Одвоји слушалицу од ува с намером да је врати на базу – прекид телефонске везе притиском на њено искључно дугме није долазио у обзир јер би, сигурно, дршћућим кажипрстом промашио мету. Међутим, с руком на пола пута, предомисли се. „Чујте, господине", рече одлучним гласом, „ја ни на који начин нисам огласио продају своје куће. Одакле вам помисао да ме тако нешто уопште питате?"

Човек с друге стране не одступи, напротив као да живну: „Ја сам послован човек, господине суседе, а то значи..." После првог залета он, међутим, запе при избору речи којима би да својој дрскости дâ бар некакав привид пословне делатности.

„То значи?" као да га је зачикавао Тео.

„То значи", снађе се онај други, „осетити и проценити кад, који и с ким – па што да не и са суседом – на обострано задовољство, посао може да се направи."

„И ви сте, дакле, (то ми малтене отворено кажете), осетили да је сад време – сад или никад – да са мном направите неки посао", скоро му упаде у реч Тео.

Али северни сусед не прихвати овакав тон и начин разговора. Уместо да одговори на Теове примедбе, он рече: „Ваш плац се, господине Зарићу, према земљишној књизи, састоји од три парцеле;

бар две од њих су вам, ако хоћемо искрено, вишак."

„Како то мислите – вишак?" уздржавајући бес у себи, упита Тео.

„Једноставно", неочекивано лежерно одговори господин Дојчиновић, „парцеле које се налазе северно од ваше куће, једна врт са воћњаком – тако је у земљишној књизи означена – и друга која је делимично шума а делимично ливада, нису, строго узев, у некој функционалној вези са вашом кућом, дакле са трећом парцелом на којој се налази кућа. Е, те две парцеле, средњу и северну, могли бисте мирне душе, а да не умањите вредност преосталог дела своје имовине..."

„Те две парцеле су ми, кажете, вишак. А зашто не би и вама, ако бих вам их продао, биле вишак?" одлучно рече Тео.

„Очигледно, поштовани суседе, ми се нисмо добро разумели. Кривица за то на мојој је страни. Нисам вам рекао којом пословном делатношћу се бавим. Ја сам, знате, власник агенције Темељ-Темељност, агенције за посредовање у промету, али и за самосталан промет некретнина."

„Али ви ме, господине", прекиде га Тео, „питасте да вам продам кућу а сад ми говорите о парцелама које са кућом и кућиштем немају, како малочас сами рекосте, никакве везе."

„Да вам искрено кажем", мењајући пословни у тон пријатељског поверавања, рече господин Дојчиновић, „ја у првом реду и даље имам на уму кућу. Не желим, међутим, да будем превише наметљив, не поготову ако сте ви категорично против тога. Ко велим, да покушам, да бар оне две парцеле које вам у будућности неће значити много – јер старији сте човек и у будућноси ћете све теже моћи да их одржавате и на најбољи начин користите – да бар њих припојим осталом комплексу земљишта своје агенције с те вама северне а мени јужне стране."

„И тако, ви бисте да јужну страну свог имања примакнете на који корак од излазних врата моје куће с дворишне стране?"

„Нипошто, ако то вама не одговара; а да би ипак све било у реду, могли бисте ми продати целу северну и само један сразмерни део од ваше средње парцеле, велики онолико колико би, сходно вашој процени и жељи, северна међа вашег будућег плаца требало да буде удаљена од северног зида па, дакле, и од излазних врата ваше куће са те, дворишне стране."

Пребацујући себи што се уопште упустио у овај мучан разговор, Тео по други пут пожеле да га грубо оконча прекидањем телефонске везе. Међутим, по други пут се предомисли. Далеко од тога да му је на памет падала помисао на могућност отуђења макар једне стопе своје непокретности; хтео је да провери има ли овај човек, има ли ова понуда, било какве везе са догађајима око његове куће који као да су усмеравани и вођени само у једном правцу: да га доведу у положај из кога, осим продаје и исељења са овог места, другог излаза нема. С једне стране, знао је да би му оваква провера, уколико се његова сумња покаже основаном, добродошла за разговор са новинарима који је колико сутра требало да закаже, а с друге, осећао се сувише уморним и растројеним да би северног суседа успешно могао да наведе на давање правог одговора.

За то време, помало и изненађен његовом искреношћу, слушао је наставак приче господина Дојчиновића: „Чујте, поштовани суседе, ја немам разлога да према вама не будем сасвим искрен. Зато вам овом приликом отворено кажем да ми је јако стало до земљишта на том простору. До реализације овог посла. Стога вам, ако из личних, породичних или неких других разлога, нисте вољни да ми продате целу северну и један део средње парцеле, износим и другу варијанту своје понуде. Ваш плац је, наиме, толико широк да би сте, без угрожавања свог породичног комодитета, могли да ми продате његов део са западне стране куће, полазећи од моје новостечене непокретности на северу, до изласка на Градски трг. Тај појас вама ионако много не значи, а мени би омогућио да за своју новостечену непокретност добијем излаз на Градски трг. Тако би садашња шикара са северне стране вашег плаца, могла бити претворена у, рецимо, изванредан рекреативни центар, или..."

„Тржни центар", нескривено ироничним гласом, допуни га Тео.

Господин Дојчиновић мора да је јако био обузет својим замислима кад не примети иронију у Теовом гласу. „И то", рече. „Али, о том потом. То су већ детаљи. На тај би начин, преко сада недовољно искоришћеног и мање-више неизграђеног терена, општина Вршни Дел, до чијег просперитета ми је јако стало, најкраћим могућим путем, добила излаз на централни Градски трг. Истовремено, тај би терен био приведен својој природној намени а на њему..."

„Чујте, господине Дојчиновићу", поче изненада, одлучним гласом Тео. Затим устаде, како би, у искораку, имао бољи ослонац за одговор, као да није реч о вербалном већ о физичком отпору који је требало пружити нападачу. „Моја кућа и мој плац – цео плац, од живе ограде доле према Градском тргу, па горе, до ваше, како сами кажете, новостечене непокретности – нису на продају. Своју земљу, ни с предње ни с дворишне, ни са источне ни са западне стране куће, нисам намеравао, нити намеравам, нити хоћу да продам. Ни вама, ни вашој агенцији а нити неком трећем у чије ми се, можда, име у ово доба-недоба обраћате."

„Али, поштовани суседе...", чуо се из слушалице глас господина Дојчиновића.

„Мислим да сам био довољно јасан", рече Тео. „Толико од мене, господине", пожури да закључи како би предупредио нова питања. Истовремено са последњим изговореним слогом, палцем леве руке, мада је то увек чинио кажипрстом десне, прекиде везу.

„Збогом", додаде у празно.

Дубоко у себи био је задовољан што је имао снаге да овај разговор на овај начин води и, упркос тешком умору, тако ефектно заврши. Да понуду господина Дојчиновића енергично одбије, не остављајући му нимало наде да се у будућности ту ишта може изменити.

УЛОГА ЗА ГАРУ

За ускакање у 'врзино коло мас-медија' – како је већ при првој замисли, у себи (и за себе), назвао предстојећу конференцију за штампу – Тео је Гари наменио не малу улогу: да пред новинарима демонстрира неке од вештина којима га је био научио или још увек учио и последњих дана интензивно увежбавао. При томе је, у првом реду, рачунао на оне који не знају праву истину јер су и сами део обмануте јавности, а нарочито на почетнике у тој професији о којима је, пун ентузијазма, говорио кад се са Вером договарао да предузму овај корак. Оне, који су његовом блаћењу свесно допринели, унапред је отписао, надајући се да се на заказану конференцију неће ни појавити.

Замисао је била колико необична, толико једноставна: ако је злоупотребом Гариног снужденог црног лика оцрњено судијино име, добронамерне, непристрасне новинаре ће свакако интересовати како тај пас сада изгледа, у каквом је стању и каквим односима са својим 'мучитељем'. Стога ће, рачунао је, објективи њихових справа за снимање најчешће бити усмеравани према њему: Гара у дубећем ставу, ослоњен на задње ноге поред Теа; у ходу без повоца уз његову десну ногу; као породични пас – миљеник између Вере и њега – само су неки од снимака које би фоторепортери начинили и, према потреби, користили за објављивање у својим медијима. Кључни снимци би, по сачињеном сценарију, имали да буду начињени испред куће, према улици, на седам до осам метара од капије. Фоторепортери и камермани (ако и њих буде), снимали би са спољне стране капије, дакле са истог места одакле су начињени они снимци. Гара и он би (он са брезовом метлом у рукама, оној истој чија дршка је на објављеним фотографијама метаморфозирала у тојагу) настојали да одиграју – у Теовој режији, разуме се – исте оне сцене чији снимци су, сакаћењем целине, злоупотребљени за његову сатанизацију.

Сачињени план је садржавао прибелешке и о другим, такође важним стварима, на које је требало да укаже новинарима како би били у прилици да се увере шта се злонамерним информацијама све може приредити једној породици. Тако је, на пример, предвиђао да им покаже и сугерира да сниме поједина упадљива оштећења проузрокована ударом, са улице наовамо завитланих, каменица: бар две веће рупе на крову куће, које се отуда не виде; једно разбијено стакло на прозору дневне собе – у којој је разговор требало да почне – као и напрслину на окну у шпајзу... Међутим, Гарина улога је, по Теовом уверењу, у томе била незамењлива и као таква доминирала сачињеним сценаријем.

Карактеристична и за око пријемчива губица тога пса, медијском злоупотребом малтене је била претворена у симбол трпљења и мучеништва а Теов лик, са узмахнутом 'батином', у оличење зла и нечовештва. Само објављивањем, у новинама или на малом екрану, фотографија сличним оним које су објављене у она два листа, али овога пута интегралних, дакле без употребе маказа – само објављивањем таквих фотографија, било је могуће ствари вратити у првобитно, у стање постојеће пре ове кампање, отворити очи Јавности како би могла да види шта се оном приликом заиста догађало. На тај би начин – процењивао је – одбојност према њему спласнула до мере неопходне да предлог усмерен против Жанкиног учешћа у такмичарском делу Фестивала постане неприхватљив и без изгледа да при гласању прође, ако га и сам предлагач пре тога на буде повукао. То би за прво време, бар док се Фестивал лепих игара не заврши, било сасвим довољно.

Тек касније (предвиђао је у тачки 5. свог сценарија), пажњу Јавности ваљало је вратити на почетак, на прву, ону каменицу из које је, ако је из ње а не из прве лажне вести, све проистекло.

'Проблем није у каменици', записао је на маргини текста ове тачке непосредно након што је завршио сценарио и спремао се да оде на починак. 'Такве ствари се догађају. Проблем је у информацији. Препуштена редовном току ствари, каменица би завршила на судском столу. Подупрта и гоњена енергијом пристрасне информације, она је добила крила. Крила и, као скакавци који уништавају све пред собом, неограничени број опасних потомака'.

Све је то, мање-више, било *набачено* тешко читљивим рукописом на непуних пет страница машинског белог папира. При врху прве странице, стајао је, крупнијим полуштампаним словима исписан наслов *Подсетник за сусрет са новинарима*. Тео је на томе радио безмало до прасказорја, исте оне ноћи уочи које је сачинио последњу, недовршену белешку у Северној свесци а потом обавио дуг, мучан разговор са наводним северним суседом.

Ако је на нешто 'лепо' овај ноћни рад могао да га подсети, биле су то његове најбоље и најплодније године рада у правосуђу. Уочи, или током појединих значајних (дакле и тешких) кривичних претреса којима је руководио, а који су, неретко, трајали по више дана заредом, умео је да тако, над хрпом судских списа донетих у својој ташни кући, пробди до раних јутарњих сати. То се, истина, ретко догађало, али је за успешно разрешење неког, током претреса, неочекивано искрслог правног или чињеничног проблема, било нужно.

Био је доброг здравља па је ноћни рад себи могао да дозволи. Препреке за утврђивање пуне материјалне истине и пресуђење, понекад од стране учесника у поступку намерно постављене, у ноћној тишини је најчешће релативно лако уочавао и маркирао да би потом, задовољан резултатом, одлазио у постељу. После два до три сата јутарњег сна, долазио је и појављивао се на посао ведар као да је спавао целе ноћи. Уочене и током ноћи маркиране, постојеће препреке су сада, у судници, превазилажене једна за другом, отпори савлађивани, и све, одједном, како члановима великог судског већа тако и заступницима јавне тужбе и одбране, бивало јасно и зрело за пресуђење.

И сценарио који је ове ноћи сачинио, чинио му се добрим док је на њему радио, поготову кад се нашао пред завршетком. Зато је као некад, скоро спокојан пошао на починак да би, у тренутку кад је склопио очи и почео да тоне у сан, у њему нагло искрсла сумња да нешто није у реду и да ће морати све из почетка. Никакво самоубеђивање да се све, па да ће се и овај план дати поправити, нису помогла. До сванућа је провео будан када је, накратко, задремао и препустио се получасовном немирном сну.

И касније, после устајања и доручка, на дневном светлу, производ ноћног рада чинио му се чак лошијим но док је о њему размишљао опружен у кревету. Што је било најгоре, своје незадовољство није могао да дефинише и лоцира како би приступио евентуалним поправкама. Једноставно, тој творевини нешто је недостајало. Шта? – одговор на то питање није у себи налазио. Да ли претерана, неприродна улога Гаре у целој замисли? Можда краткоћа рокова предвиђених за рестаурацију његовог у јавности, у дужем временском периоду, каљаног угледа? Да ли замисао према којој је требало кренути од последњих према ранијим догађајима, супротно, дакле, редоследу који се одвијао у стварности?

Од свих питања и могућих одговора, превагнуо је онај који се тицао Гарине улоге. Та је улога, чинило му се сада, предимензионирана, као да ће се новинарима обратити због Гариног а не због свог случаја. Стога се може догодити да, и у очима оних који би му иначе били наклоњени, испадне смешан. Ако медији, користећи Гарин лик да укаљају његову личност, нису испали настрани и морбидни, бојао се да, користећи исто средство за своју рехабилитацију, сам не испадне такав. Једно је слику оштетити, а сасвим друго рестаурирати је. Да ли приличи судији Вишег суда да, пред представницима јавног мњења, приређује представу са једним црним, некоме од њих можда ружним кучетом, да с њим позира и парадира и да, чак, и од своје супруге, иначе увек преозбиљне и практичне жене која такве ствари не воли, захтева да му се придружи и у томе га подржава?

Није му било лако да се одлучи. Ипак, Гарину улогу, бар овом приликом, оставио је нетакнуту. А до сусрета с новинарима, који тек треба да закаже, биће још дана и дугих ноћи да се евентуално предомисли и направљени план коригује.

ПРИЈАТЕЉ (III)

Текст позивнице за новинаре морао је бити кратак али крцат јасним и помало интригирајућим садржајем и порукама, како би код тих људи изазвао радозналост и подстакао их да неизоставно дођу у ову кућу. Бивши судија Вишег суда свакако ће бити интересантан саговорник, што је из саме позивнице требало да се наслути. Шта он то, у својству оптуженог, има да каже пред градском Јавношћу у своју одбрану? Да ли ће се и како бранити, или ће – није искључено – оптуживати? Кога?

И док је, сав напет, после непроспаване ноћи радио на томе, чу отварање врата дневне собе а, потом, у њиховом полуотвору виде, од задовољства сијајуће, Верине очи: „Твој колега Раша; дошао нам је у посету", рече. „Рашо", готово кликну и са столице скочи Тео, а истог тренутка иза Вере се помоли драго лице. Пријатељи се поздравише. Дуго су стискали руке један другом. Ћутећи. Ако старосно доба и одговорне дужности које су годинама обављали, нису успели да опустоше њихов младићски речник и начин поздрављања, темпиране медијске лажи јесу. Њихово уобичајено 'баћо' којим су се, пре него што је почело насиље над Теом, годинама узајамно ословљавали, овом приликом изостаде. Чак су им и осмеси били слеђени. Раша је био јако забринут, више но приликом последњег телефонског разговора, и то од свог пријатеља није покушавао да сакрије. Отвореност је била његова и мана и врлина. „Лоше изгледаш", рече. „На чему то радиш?" упита, покретом главе показујући на сто са папирима, оловком, писаћом машином. Тео објасни. Понудише госта да седне.

Кад Вера изиђе, Раша упита: „Ти се свакако сећаш нашег последњег телефонског разговора?"

„Како да не, сећам га се врло добро."

„Том приликом, поред осталог, разговорали смо о црном псу кога си, како онда рече, 'усвојио'. Шта је с њим? Је л' све у реду?"

„Итекако. Много чему сам га научио. Само да га видиш. Ово мало дана до доласка новинара, посветићемо усавршавању наученог."

При помену новинара Раша се мало накашља, чиме наговести да о њима и њиховом односу према Теу жели да каже коју више. „Твоја намера да их позовеш овде, у принципу није лоша", поче. „Бојим се, међутим, да ће ретко ко од њих – ако се такав уопште нађе – имати храбрости да направи неки потез који би противречио једногласју осталих. Зато се не смемо ослањати само на њих и њихову добру вољу. Да је добре, а слободне воље, макар код једног од њих било, тај би досад закуцао на твоја врата и замолио те да изнесеш своје виђење целе ствари – да не кажем: своју одбрану – па, на одговарајући начин, то презентирао Јавном мњењу. Немој се заваравати, Тешо. И немој од тог састанка очекивати богзна какве резултате. Ти људи – чија би професија морала бити у самом врху свих професија – имају у овој ствари поданичку, а не улогу истинољубивих, непоткупљивих извештача. Раније сам ти рекао – ти, уосталом, и сам то добро знаш – да се црни пас није случајно нашао у твом дворишту. Очигледно, реч је о намештању ситуација – неки то зову намештаљкама – и, сходно томе, о нарученом информисању. Чинећи то што чине, они, у ствари, одрађују посао који им задаје неко други. Не, дакле, посао који је основа њихове професије. Ваља нам зато да преко тог другог, ако се буде могло, учинимо нешто. О томе сам размишљао и нешто већ предузео пре него што сам дошао до тебе."

„Настави, Рашо. Твоје ме мишљење занима итекако."

„Вода је, срећом, била врела", упаде Вера, носећи послужавник на чијој средини се пушио чајник боје жућкасте теракоте. Са обе његове стране блистале су, на тацнама, две златом обрубљене шољице од танког, скоро провидног порцелана. Чај од липе, омиљено пиће двојице пријатеља, био је готов. „Одавно смо вас очекивали", рече, стављајући послужавник на сто. „Нема вас дуго", додаде док је наливала кафу у шоље.

„Да, дуго ме није било. И то не случајно", одговори Раша. „Разлог мало необичан. За мене бар. Себи сам, а да тачно не умем то да објасним, увртео у главу да ћу, као судија Вишег суда, пре моћи да учиним нешто у корист ове куће, ако ме људи не буду виђали овде. Нешто сам већ покушао. Нешто планирам. Управо сам о томе почео са Тешом."

„Мораћу да вас оставим саме", рече Вера, полазећи. „Почела сам посао који не трпи одлагање. Ни одсуство домаћице. Бићу у кухињи. Ако вам нешто затреба – позови ме, Тео."

Кад остадоше сами, Раша повери свом пријатељу шта је досад учинио, шта даље намерава, на који начин да му помогне.

Недавно је ступио је у својеврсни контакт са Петром Ерићем, председником Заједнице градских општина, одскора у пензији. Иако још није дала резултате, успостављена веза функционише. Истина, све иде доста споро и посредним путем, али са добрим изгледима да потпуни успех.

„Доктор Јанко Стокић", објасни Раша, „судски вештак уролошке струке, који је у једној кривичној ствари недавно код мене вештачио, похвали ми се, онако у разговору, да је господину Ерићу из десног бубрега својом руком недавно извадио 'хрпу камења' (његове речи), који су му задавали неподношљиве болове. На моју сугестију, доктор Стокић је свом пацијенту – још увек блиском са неким људима из руководства Друштва за заштиту животиња од свирепости – измамио обећање на коме сам инсистирао: да ће Друштву предложити опозивање саопштења објављеног у ЈУГРАН-у, којим је, практично, активирана друга фаза хајке против тебе."

Тео је пажљиво слушао Рашина разјашњења. Био је импресиониран стрпљењем и енергијом које је, уз редовне послове истражног судије, улагао не би ли нашао начин да му помогне. Сваки пут када би поменуо насиље усмерено против њега, говорио је у множини. Да ли се, пред загонетношћу силе која му угрожава пријатеља, и сâм почиње осећати угроженим, или је то само израз солидарности са њим? Тај доскора моћни човек у Правосуђу – какав је, уосталом, и сâм Тео некада био – као да више није 'онај стари': са лица су му се, из очију пре свега, дискретно али недвосмислено, показивали знаци несигурности.

„До овако, за нас повољног резултата", говорио је Раша, „није се, наравно, стигло на пречац. Доктор Стокић редовно обилази свог пацијента и контролише стање његовог здравља. Поруке између господина Ерића и мене размењиване су у ритму тих посета све до јуче. Тада је стигла последња од њих. Она, отприлике, гласи: 'Да би Друштво приступило преиспитивању раније усвојеног и јавно објављеног саопштења, предлагачу су потребни докази о љубави окривљеног лица према животињама; посебно према црном псу који је заштитни објект претходног саопштења'."

„Докази, докази", рече Тео. „Ја као да сам већ пред судом, у својству странке. И то које – тужене. А суд и судије – руководство Друштва за заштиту животиња од свирепости."

„Чудно" – запажање свога пријатеља Раша остави без коментара – „приликом нашег последњег телефонског разговора рекао сам ти, ако се сећаш, да ће нам помоћ црног пса у будућности можда затребати. Та будућност је дошла. Она је сада. Фотографије црног пса биће докази који се од нас траже."

Говорећи то, Раша из унутрашњег џепа сакоа извади мали фотоапарат. „Ово сам понео", рече, „да такве доказе колико данас обезбедим. Мислим да нећеш имати ништа против да направим неколико снимака који би те, у погодним позама, приказивали са твојим љубимцем. Фотографије би, према мојој замисли, некада први човек Града одмах предао својим пријатељима из руководства Друштва, уз захтев да се хитно закаже и одржи седница на којој би било расправљано о опозивању старог и усвајању новог саопштења о случају са црним псом."

„Шта потом?" био је нестрпљив Тео.

„Потом би ново саопштење – ја не сумњам да ће оно, захваљујући фотографијама које ћу направити, по нас бити позитивно – требало објавити у бар неколико угледних листова. Можда и преко телевизије. Све се може кад постоји добра воља оних који о томе одлучују. Али, о том потом. Моје је да, сада, успешно обавим улогу снимателја, па да хитам даље. Како ти оцењујеш овај мој план? Реци ми има ли у њему штогод лоше. Не заборави да тим пословима: медијским, маркетиншким, пропагандним – како ли их све не називају – нимало нисам вичан."

После непроспаване ноћи и сумње која га је у вези са улогом Гаре опседала, Рашин предлог би за Теа право освежење. „Невероватно колико су нам погледи на многе ствари подударни", рече. „За твоју замисао, што се бар мене тиче, мало је рећи да је добра. Штавише, то што предлажеш – снимање и друге ствари – биће нека врста генералне пробе за оно што треба да се догоди пред новинарима. Хвала ти на томе. Хајдемо", заврши и устаде, очигледно спреман да се одмах, са Гаром, постави пред фотообјективом свога пријатеља.

„Полако", рече Раша, поново се прихватајући шољице с чајем. „Моју хитњу не схватај буквално. Ја бих да, пре снимања, попијем још ово мало чаја". Осмехну се – желео је да разведри угроженог пријатеља. Охрабрен, Тео узврати својим осмехом.

Тада се Раша, неочекивано, маши горњег малог џепа на свом сакоу. „Замало да заборавим", рече. „Мој нови број телефона на радном месту. За сваки случај. Нек ти се нађе, злу не требало." Пружи Теу бели папирић нешто већег формата од визит-карте. „Стави га у фиоку. Да ти се међу овим папирима не затури. Још боље: број одмах упиши у именик.

А сад на снимање. Разведри лице. Опусти се. Пожељно је да се на неком снимку, осим тебе и црног пса, и Вера види. Госпођа Вера, где сте?"

ПЕТИЦИЈА

Постављање питања Жанкиног искључења из такмичарског дела Фестивала није било довољно, не поготову пре одлуке о томе, да апсорбује снагу уметникове речи којом позива јавност да 'стане на пут насиљу над немоћнима ма од кога потицало.' На то је Теа подсетило помињање његовог имена, веома бучно иначе, које је чуо у првим послеподневним часовима трећег дана после непријатног телефонског разговора са северним суседом.

Дан пре тога завршио је куцање и адресирање позивница за новинаре које је Вера однела и предала на пошту. Управо је почињао с припремама за тај догађај у што су, поред осталог, спадале и вежбе с Гаром. И док се, с њим поред себе, у поодмаклој фази хода без повоца, брзим корацима, већ задихан од претходне вежбе – задихан више но што је очекивао – пео уз 'брдо', снажан глас из звучника из правца градског трга, у тој мери изненади и уплаши пса да, дрхтећи, за тренутак отказа послушност и, уместо напоредо са Теом и узбрдо, крену устрану. И мада и сам изненађен оним што се догађа, Тео се још више забрину због понашања пса: како, за који дан, с њим пред новинаре кад је са првим већим изненађењем изгубио главу?

Прекинуо је вежбу, не само због Гаре већ и због себе. Простор предвиђен за дресуру пса, великим делом видљив је са градског трга: настављање започете вежбе, у тренутку кад се сви погледи усмеравају наовамо, а на њега и буквално указује прстом, било би равно зачикавању окупљених, позивању на сопствени линч. Уз то, питање је да ли би, у новонасталим околностима, пас уопште био способан да се повинује његовим захтевима и командама, или му је требало мало времена да се коликотолико смири и привикне на нов звучни амбијент чије трајање је у овом тренутку било неизвесно. Најзад, ваљало је на несумњив начин, дакле непосредним опажањем, утврдити шта се у овом тренутку тамо стварно догађа како би се, зависно од тога, одлучио на свој следећи корак.

Врати се с Гаром до његове кућице где га остави, па пожури према својој 'осматрачници'. Чинећи то и пењући се потом на таван, истовремено је – претворен у ухо – настојао да чује што више од, на тргу изговорених речи, и уклопи их у коликотолико разумљиву целину. На тај начин, у тренутку приближавања кровном прозору, већ је у својој свести имао некакву представу о томе шта се на тргу догађало: читана је петиција којом се од градских власти тражи предузимање оштрих – није речено којих, или Тео то није чуо – мера против њега.

Челни потписници петиције били су – имена им је добро чуо: док су читана већ се налазио испод кровног прозора и, мада задихан од претходне журбе, напрегнуто слушао – виђени људи из света културе и уметности, а међу првима два славна и један мало познати прозни писац, три песника од којих један у самом врху градске поезије, као и један млади филозоф чије му име није до тада значило ништа.

ГЛУМАЦ

Већ у тренутку када је чуо своје име, упркос изненађењу што га чује под оваквим околностима, Теа је у гласу читача нешто неодољиво подсетило на неку однекуда познату му личност, личност која је Веру и њега – себи није могао да објасни откуд му таква помисао – бар неколико пута посетила у њиховом дому. И док је потом, ловећи успут речи и напрежући се да досегне смисао изговореног, журио према кровном прозору, све више се уверавао да га први утисак није преварио: глас који је брујао са улице био му је не само познат већ и близак, чак драг. Зато је, нашавши се испод 'осматрачнице', уз несмањену пажњу да чује ко су челни потписници петиције, главу одмах приближио замућеном плексигласу и погледао кроз њега. На тргу није било много људи како је, с обзиром на претходно произведену буку, у први мах помислио и с правом очекивао. Међутим, централно место, оно из чијег правца је допирао глас говорника чији га је идентитет у овом тренутку интересовао, било је нешто укосо у односу на раван плексигласа и зато недовољно јасно.

Није, дакле, могао да види личност али је кроз искошени плексиглас, као у магли, видео центар збивања, видео мегафон и иза мегафона силуету у благом кретању. Био је то – сада је, захваљујући карактеристичним покретима његове главе и трзајима десног рамена, скоро сигурно знао – Димитрије-Дикан Максић, носилац главне улоге у више драма, а у првом реду телевизијских драма, посебно запамћен и драг, како Вери тако и њему, по улози у Хаџићевом Врапчијем фактору. Читао је веома споро имена потписника петиције, правећи неприродно дуге паузе између једне и друге речи да би им, ваљда, на тај начин дао што већу тежину. А можда се Теу, нестрпљивом због дугог и, за тренутну ситуацију, предугог задржавања на тавану, то само тако чинило, тек, једног тренутка, он чу Верин глас из, по првом утиску, бескрајне даљине: „Теодоре, Теодоре." Већ сама чињеница да га зове пуним именом а не скраћено 'Тео' или 'Тешо', како га је, зависно од расположења, некад овако некад онако, у редовним приликама иначе звала, била је поуздан знак да је веома узбуђена. Стога пожури натраг. Приближивши се отвору за излаз са тавана, виде је како доле, шакама час притискајући час отпушујући ушне шкољке, журно корача од једног до другог краја веранде и притом као да нешто сама са собом разговара. „Ево ме, ево", силазећи, рече прилично гласно Тео, али га она није чула да би, кад ногом додирну под, узвикнула: „Па где си, побогу, човече, досад?"

„Био сам горе", поче Тео, показујући непотребно руком иза себе. „Хтео сам да видим шта се то тамо..."

Она, међутим, не сачека крај његовог објашњења као да јој до њега није било стало. „Чујеш ли, чујеш ли?" упита једно за другим двапут тако брзо да јој се све изговорене речи скоро слише у само једну. Истовремено, руком са испруженим кажипрстом, показивала је у правцу одакле је допирао Диканов глас. „То он говори. ОН – зар је могуће?"

Очи су јој гореле Теу до тада непознатим сјајем. Једног тренутка му се чак учини да га то гледа нека друга жена а не његова Вера. Као да су речи великог глумца биле речи врховног судије који им управо саопштава коначну пресуду против које није дозвољено улагање правног лека а чије извршење непосредно следи. Све наде у избављење за њу су, у овом тренутку, под дејством напуклог, донекле меланхоличног али веома сугестивног баритона, биле распршене, а Теов план да, ускакањем у затворено коло мас-медија, покуша да отуда, изнутра, направи неки продор, постао бесмислица. Њој, очигледно, није толико било важно шта, већ ко говори. „Шта ћемо сада? Шта ћемо сада?" инсистирала је – не само речима већ и покретима руку, главе, целог тела – на брзом али, обавезно, избављујућем одговору.

Морао је да реагује брзо, као да указује хитну помоћ некоме ко се гуши. „То што смо се договорили пре неко вече, овде, на овој клупи", рече тихим али одлучним и, колико му је било могуће, смиреним тоном. Говорећи то, главу је морао да нагне према њеном уху како би га чула, јер је Дикaнов глас и овде позади куће, у полузатвореном простору веранде, био прилично бучан.

„Али то сада пада у воду."

„Не претеруј", рече Тео још одлучније но малопре а ипак тако да је не повреди. „Та он је само глумац, ма како велик био. А сем тога, сем тога...", тражио је, али у себи није налазио, није могао да нађе, довољно добре и прикладне речи којима би умањио значај онога што се тренутно збива. „Сутра", коначно нађе излаз, „кад новине, радио и телевизија, кад мас-медији окрену плочу, а то ће се... а то ће се – та разговараћу ја са њима... са њима...са новинарима – а то ће се за који дан сигурно догодити, он, тај велики глумац, први ће се испрсити испред ове напасти чији је и сам, као што видиш, сада део, и викнути: 'Стој! Ово је неправедно оклеветани човек!' Видећеш. Ја ти кажем. Ја ти то тврдим. Веруј ми кад ти кажем."

„Веруј ми кад ти кажем, веруј кад ти ЈА кажем", понављао је, сав задихан као после неке луде трке, једно за другим више пута, наглашавајући оно 'ја' нарочито. Јер, осећао је да му више не верује, да је губи, да су речи великог глумца начиниле одлучујући продор у њену пренапрегнуту душу.

ГОЛУБ КОЈИ ЛЕЖИ

Док се средином сутрашњег преподнева спремао да с Гаром почне неку вежбу – за кратко време до доласка новинара, одржавајући га у сталној кондицији, морао је с њим много тога и да усаврши – Вера му из правца веранде даде знак да се врати. Већ по начину на који га је звала – махала је руком у којој је држала новине – Тео је знао да нешто није у реду. Ритуал читања био је обавио и новине је одложио на устаљено место – зашто би га сада, машући њима, позивала натраг? Прилазио јој је са зебњом, пажње усредсређене на њену руку. Још увек у покрету, та рука је сада полако падала доле. Последњих неколико дана у киоску за продају штампе, уместо Мирјане Н., радила је нека друга девојка. То га је било забринуло: бојао се неког изненађења. Оно је, изгледа, сада било ту: уместо ЈУГРАН-а, у Вериној руци препознао је новине од чије темпиране, прве некоректне вести је све почело – *Призму*. Нашла их је враћајући се из продавнице хлеба, забодене у метални орнамент улазне капије, уз сам рукохват; можда их не би ни узела да у питању није била *Призма*. Иако је објављивање његовог одговора на информацију о првој каменици било постало бесмислено а они изгубили сваку наду да ће до тога икада доћи – многи месеци од упућивања били су прошли – радозналост да је управо то разлог подметања новина, подстакла је Веру да их узме. И, разуме се, одмах је отворила њихову трећу страну.

Иста она рубрика *(Актуелно ноће),* исто онако упадљива слова наслова легенде, али, овог пута, својим смислом и поруком жешћа но први пут: *Делилац правде на делу;* само је текст био краћи, у ствари сасвим кратак јер је фотографија, подупрта насловом, говорила довољно сама. Није се као *онда* радило о старом, већ о снимку начињеном током текућих догађаја. Штавише, можда пре само неколико дана. У сваком случају веома скоро, јер се снимљена сцена – тренутак сахрањивања мртве птице – у стварности догађала више пута, зависно од тога кад су убациване у двориште. Десним делом фотографије доминирао је лик делиоца правде из наслова. Препознао је себе. Само што је оном приликом био у кошуљи са уздужним грао пругама на розе основи, а сада на себи имао једнобојну сиву јакну. Ухваћен у полупрофилу и добро осенчен зрацима сунца на заласку, морао је бити препознатљив чак и читаоцима слабог вида. У левом углу, али не уз ивицу фотографије већ према њеном средишњем делу, није било тешко препознати голуба који лежи. Сећао се тог голуба. Сећао се како је, пошто је погођен зрном из ваздушне пушке, пао у травњак на пола метра од бетонске стазе. Чини му се да је, падајући, млатарао крилима. Када је дошао до њега и узео га, голуб је издахнуо. Међутим, на фотографији се ни по чему са сигурношћу није дало закључити да ли је жив или мртав. Глава незнатно извијена у страну, као у покрету, и мало раширена крила, упућивали су на закључак да је жив, још увек жив; ноге су му, међутим, биле једна уз другу, што је сугерисало могућност да је мртав али и дозвољавало претпоставку да су свезане. А изнад извијене главе, усмерена ка њој, на фотографији се јасно видела оштрица замахнуте баштенске мотичице у руци бившег судије. Фотографија је, нема сумње, била мајсторски урађена, као да је за ово објављивање била откупљена на некој изложби уметничке фотографије. Није се радило о фотомонтажи;

био је то документ. Међутим, у тренутку снимања птица је већ била мртва – само Тео је то знао – а оштрица мотичице није била усмерена у правцу њене главе већ ка земљи. То је, уосталом, на објављеној фотографији било видно – видно за онога ко зна право стање ствари. Објављена у контексту приказивања злог човека у тренутку кад убија недужну птицу, фотографија је наводила на супротан закључак. Читаоцима, стога, на памет не би могла пасти помисао да посумњају у њену веродостојност, у истину која се њоме сугерише.

Док је разгледао приказану сцену Вера је стрпљиво стајала поред њега и ћутала. Уздржавала се и од најмањег покрета као да је желела да му, тако, омогући несметано уочавање свих детаља а потом и доживљај целине слике. Одвојио је напокон поглед од новина и подигао главу према њој у намери да нешто каже. Реч 'невероватно' већ му је била на језику, али га она предухитри: „Па шта си побогу, човече, то радио?" рече оптужујућим гласом пуним горчине и, док су јој се очи пуниле сузама, испруженим кажипрстом показа на новине које је, сада склопљене, држао у рукама. То 'побогу, човече' Тео је – први пут, иначе – током јучерашњег поподнева већ био чуо а, ево сада, чује га опет. Иако оба пута несумњив знак њене душевне исцрпљености и безнађа, оно је сада имало и један додатни, кобни призвук: да је престала да пружа отпор и, коначно, почела да прихвата сугерисану 'истину', овога пута са најновије фотографије (да њен муж убија живог или масакрира пре тога већ убијеног голуба).

Био је свестан да његов допринос таквом развоју догађаја није занемарљив: никада јој није поменуо да мртве птице, које су овамо повремено убациване, или изнад дворишта убијане, закопава горе на 'брду'. Да је то знала, или да га је бар једном видела кад то чини – а није случајно да га не види: због бојазни од њених приговора, настојао је да све обави кад је она одсутна или заузета пословима у кући – да је то знала, сада би на релативно једноставан начин могао да јој објасни под којим је околностима – свакако уз помоћ моћних телеобјектива са неког од околних солитера – начињен овај жалосни снимак и чиме се, у тренутку док су га снимали, њен до лакомислености неопрезни супруг, стварно бавио.

ТВРЂАВА

На три дана пре заказане конференције за штампу Тео одлучи да више не купује новине. Након повреде коју је *Призма* нанела Вери посредством слике 'масакрирања' голуба, ниједан лист није смео да се нађе у овој кући. Ниједан, па чак ни *његов* ЈУГРАН, без чијег свакодневног прелиставања није могао да замисли почетак и протицање дана. Јер – ко му гарантује да већ сутра и у њему, као у *Призми,* неће освануги нека клевета у виду фотографије. Посумњао је у све и свашта што са новинама има везе. Било какве.

Сада се нашао пред питањем: шта са радиом и телевизором? Та два медија, после Хаџићевог иступања на малом екрану, у хајци против њега скоро да нису заостајала за штампом; ако Веру од њих не буде заштитио – а због ње се одлучио на овај корак – ускраћивањем новина њој и себи неће постићи ништа. На један или други начин, преко једног или другог апарата, она је у свако доба могла да чује *шта има ново* и тако, неком непредвидљивом а добро темпираном *информацијом,* буде дотучена и онеспособљена да, за три дана, заједно са њим дочекује новинаре и, ако треба – чак и са осмехом на лицу – заједно са њим позира фоторепортерима у *друшtiву* са Гаром. У сваком случају, да буде у стању да гостима – сада тако значајним за даљу судбину ове куће – скува бар кафу и послужи их слатким по избору или медом од ливадског цвећа.

Истина, мало је било вероватно да ће се она, док се од најновијег, досад најтежег шока, колико-толико не буде повратила, усудити да посегне за дугметом које јој може донети још веће зло. Међутим, и сама могућност да се то догоди, Теу је била довољно оправдање да своју одлуку без одлагања до краја спроведе у дело.

Уморан од многих напора који су га исцрпљивали последњих дана, отежалим кораком крену пут тавана, овога пута и са једном другом а не само уобичајеном извиђачком намером. Спретним, много пута поновљеним потезима, откачи од плафона и, уз помоћ металне полуге, до пода спусти један крај покретног, клизајућег дела, за таваницу фиксираних мердевина. Потом уз њих полако крену навише.

Пазио је да не начини неки погрешан покрет и тако наруши тишину, сада неопходну, готово услов за Верин што бржи опоравак. Из правца собе у којој се налазила, већ петнаестак минута ништа се није чуло. То је био добар знак да су јој његове благе речи помогле да превлада почетно, најтеже стање. Таблета седатива, коју је потом узела са мало воде, сигурно да је довела до опуштања а тиме и до, у овом тренутку, тако потребног, окрепљујућег сна.

Колико пре једног до два сата, прихватила је његов предлог да преће и наредних дана, док не мине сусрет с новинарима, проведе у девојачкој соби. Под утицајем данашње слике у *Призми,* стрепео је, напади каменицама могли су да груну сваког тренутка, а та соба, с прозором према задњем делу дворишта и 'брду', била је најудаљенија од улице. У њој ће, колико је то уопште могуће, бити заштићена од треска које производе удари бачених каменица, или од узвикивања увредљивих порука које се у таквим приликама подразумевају.

Да ли је она, питао се са зебњом, заиста постала заробљеник слике *масакрирања* голуба, или је њена прва, била само њена тренутна реакција? После свог 'па шта си, побогу, човече, то радио', скоро да ни реч није проговорила иако је он упорно покушавао да, на сваки начин, заподене неки, било какав, разговор са њом. Хтео је да јој измами речи, макар још реч-две, не би ли јој тако помогао да лакше поднесе, или се ослободи бола, који јој је куршум најновије *Призмине информације* својим продором и присуством наносио. То је, међутим, тешко ишло: она као да пред собом није видела Теа, већ неку другу, страну личност. Није проговорила чак ни онда када јој је, који минут касније, из заједничког брачног кревета у девојачку собу донео јорган, чаршав и јастук, расклопио кауч и наместио лежај. Само једног тренутка, пошто је, и сам неубеђен у сврсисходност тога, поменуо да позове лекара, речју 'нипошто' енергично је реаговала. Међутим, одмах потом опет је утонула у ћутање које је, до његовог изласка из девојачке собе, више није напуштало.

Насупрот њој, он – не случајно – ни тренутка није престајао. У нескладу са својом природом и навикама, све време говорио је: док јој је намештао постељу, затезао чаршав преко кауча, донео чашу воде да попије таблету седатива, помагао да легне и покрије се. Помињао је – опет не случајно – безначајне и неутралне ствари: предности ове над другим собама... гране старе липе које, надносећи се над прозором, као да овамо навирују... изгледе атмосферских прилика за сутра... Најзад ју је покрио, ушушкао око рамена и стопала (било је хладњикаво) и, нагнут над њом, као престрашеном детету, умирујућим гласом рекао: „Преморена си. Одспавај мало. Кад се одмориш, разговараћемо. Све ћу ти објаснити. Видећеш, уверућеш се, твој Тео је и даље, као и пре данашње слике у новинама, онај стари у кога си се поуздала." Пошто је затворила очи, схватио је да треба да оде. „Доћи ћу нешто касније", додао је хватајући се руком за кваку, мада несигуран да га је она, препуштајући се дејству седатива, сада чула и могла разумети.

Подешавање мердевина и пењање уз њих, некада је обављао као од шале. Сада – понешто је непрестано запињало. Са сваким новим искораком навише, осећао је замор који је растао забрињавајућим темпом. На срећу, када се коначно нађе на тавану, притисак у грудима нагло попусти а умор се, као пена, расплину у полумраку. Одмах пожури према кровном прозору.

На тргу и улици – видео је кроз замућени плексиглас – било је мирно, сасвим мирно, чак мирније но иначе. То га је уверавало, тренутно бар, да ће очекивани групни напад овога пута изостати и да ће му, као један од резултата тога, притисак у грудима сасвим ослабити.

Пошто упали таванско светло и пронађе разводник телевизијских сигнала, с његове доње стране извуче утичницу удeнуту у сам врх коаксиалног кабла чијим посредством су телевизијски звук и слика – довде доведени другим таквим каблом од антене на крову – стизали на своје крајње одредиште, једини телевизор у кући. Сада је тај апарат постао безопасан. Тиме, међутим, предвиђени посао није био завршен.

Угаси светло, сиђе с тавана па мердевине врати у претходни положај. Потом кроз задње, мало предсобље, па кроз кухињу и велико предсобље с чела куће, дође до предњег, главног улаза. Овде, успут узетим кључићем, откључа ормарић са електричним осигурачима и отвори га. Пошто добро осмотри њихов распоред, из најнижег реда одврну онај испод кога је писало: Шуко 1 – кухиња. Довод струје до радио-апарата у кухињи био је сада прекинут. Тиме је и ова направа, као и њен далеко млађи а знатно опаснији сабрат, телевизор, учињена безопасном.

Осећао се уморним више но икад. Предвиђени посао био је завршен, могао је да одахне. Сви прилази непријатељу најзад су затворени. Његова Вера сада је на сигурном. Безбедна од изненадних погодака споља. На своју кућу, први пут откад постоји, гледао је као на тврђаву, способну, његовом руком оспособљену, да одоли свим налетима агресора. А он – шта би друго но бранилац био? Истина стар и пун рана задобијених од тог агресора, али још увек способан да брани и одбрани своју породицу.

„Спавај, Верице, Вера, мирно спавај“, мрмљао је. „И лепо сањај. Тео бди над твојим миром. Избориће се он да тај мир опет завлада у овој кући.“

Једног момента, трже се и гласно рече: „Ма шта ја то причам? С ким? Коме? Себи? Начисто избачен из равнотеже. Успело им је да и са мном то учине. Оловку у руке, човече – ако ниси у стању да владаш собом. И да је више ниси испустио. Записивање – услов опстанка. Једна је ствар држати све у глави, друга кад бар део тога распоредиш и имаш на папиру. Белешке – сопствена картографија. Оријентири за сналажење у хаосу. Без мапе, у шуми се лако залута. А све је гушћа. Глава ће ми пући. О срцу да и не говорим. Не, не, нећу им се дати.“

ТЕЛЕФОНСКИ ПОЗИВ

У том тренутку иза његових леђа одјекну звук телефонског сигнала, први, други, трећи пут. Глас из слушалице, женски, био му је познат, али у тој мери деформисан – страхом? – да га је тешко могао препознати чак и да је био потпуно смирен и одморан. „Судија, ви сте?" чу, и тад му сину: Тонка. Шта ли је разлог овог позива? Сети се последњег, сада већ негдашњег телефонског разговора са њом, и разлога због кога ју је онда звао. Не зове, ваљда, да би ми сада, тек сада, дала податке о тетовираном силецији. Чему би послужили? „Да. Овде Теодор", поче, настојећи да му глас буде што смиренији. „Слушам вас. Шта има ново? Како сте?"

Његове речи, намењене охрабрењу ове усамљене а сада, због нечега, очигледно узнемирене жене, не постигоше сврху, штавише остадоше без икаквог одјека и коментара.

„Ви знате ко сам", чуо се задихан, помало промукао али ипак јасан глас из слушалице, „видим да знате. Говорим из јавне говорнице и зато – а и због других ствари – морам да будем кратка, веома кратка. Добро ме слушајте. Ови су вам припремили нешто. Не знам тачно шта."

Говорила је на начин као да чита, и скоро је било сигурно да је тако. Да ли је папир у овом тренутку имала пред собом, или га је – жена-компјутер – држала у глави и отуда свом саговорнику преносила текст, тешко је било закључити. „Не прекидајте ме, молим вас", рече, очигледно ван контекста онога што је требало да каже, „немам много времена. Непоштену игру су вам припремили. На последњој седници Извршног савета Заједнице градских општина усвојена је нека значајна одлука на вашу штету. Њена примена може да почне сваког часа, зависно од процене Секретаријата за послове безбедности коме је спровођење одлуке поверено. И сам председник Заједнице, коме су ваше заслуге у правосуђу добро познате, покушао је да вас узме у заштиту, дуго се опирао притиску појединих, у Граду моћних људи. Узалуд. Коначно је попустио и, нажалост, изјаснио се за њихов предлог. Никакве друге детаље не знам", настави као да чита. „Не питајте откуд и како сам то сазнала, али знајте да је извор ових информација сасвим поуздан. Зато, будите спремни на све. И храбри. Ви сте, у ствари, одувек такви били. Ја сам уз вас, ако вам то нешто значи. За мене то много значи. Поносим се тиме. Желим да то знате, сада када се суочавате са свим тим изазовима. Ипак, безначајна фигура у оваквим стварима која ничим другим, осим овим обавештењем, да вам помогне. Криво ми је због тога. Знајте, ипак, да су, осим мене, још неки – а није их мало – уз вас, знају истину. Плаше се, међутим, углавном због безбедности својих породица, да то јавно кажу. Не могу рећи њихова имена, немам право на то. Бар за сада. Када буде изашло 'дело на видело', рећићу вам их. Толико."

Теу се учини да је завршила са својом поруком али, за сваки случај, слушалицу задржа још који трен уз уво. „А што се тиче оног", допре до њега, за ово јављање очигледно непланирани садржај, „оног тетовираног зликовца чије сте ми податке тражили приликом нашег прошлог разговора, могу вам рећи – ако то досад нисте сазнали и ако вам сада то нешто значи – да је, после изласка са робије, тај тип – Берислав Кушанић његово је име – постао успешан пословни човек: основао је, под називом Релације, мало познату, скоро анонимну, али у Граду најутицајнију и веома ефикасну агенцију за анимирање јавности. Сва јавна гласила – тако бар тврде људи који су у те ствари упућени – држи у својој шаци. У томе му је свесрдно помогао и помаже му – ако лично не стоји иза агенције – нико други но председник најбогатије градске општине, а ви знате да је то вама суседна Општина Вршни Дел. Тај му је даљњи ујак. Довиђења, судија. И не замерите ми што вам то досад нисам јавила. До пре неколико дана ни сама нисам о томе ништа знала. Довиђења. Ако будем у прилици да сазнам још нешто што је у било каквој вези са вама, јавићу вам се опет. На мене неизоставно у свако време рачунајте."

...ли у Граду најутицајнију и веома ефикасну агенцију за анимирање јавности. Сва јавна гласила – ако бар тврде људи који су у те ствари упућени – држи у својој шаци. У томе му је свесрдно помогао и помаже му – ако лично не стоји иза агенције – нико други но председник најбогатије градске општине, а ви знате да је то вама суседна Општина Вршни Дел. Тај му је даљњи ујак. Довиђења, судија. И не замерите ми што вам то досад нисам јавила. До пре неколико дана ни сама нисам о томе ништа знала. Довиђења. Ако будем у прилици да сазнам још нешто што је у било каквој вези са вама, јавићу вам се опет. На мене неизоставно у свако време рачунајте."

успутно шкропљење понеког дрвета – тако је прослављано свако пуштање с ланца – били су само увод у оно што је, нормално, требало да уследи: у брзом темпу, бржем но претходних дана, усавршавање неке одраније започете вежбе. Задихан, шумно је дахтао и нетремице гледао у Теа. Тај поглед недвосмислено је говорио: 'Шта чекамо? Кренимо. Одмах. Сад. Вежбајмо'.

„Не измотавај се, псећа главо", благим гласом, рече Тео.

Али пас као да га није чуо. Штавише, сада је у још бржем темпу наставио да витла предњим шапама. И даље је инсистирао на кретању. Хтео је игру и игру. Вежбе.

Гледајући га, Тео је ћутао неки тренутак. Његовој жељи, међутим, ма како му то падало тешко, није могао да удовољи: није се осећао способним за то. Стога додаде категорично: „Вежбања више неће бити, јеси ли чуо?"

Али ту црну животињу не одврати од жеље за играњем. Њен дубећи, сада очигледно напоран положај, и клупко узвитланих предњих ногу, требало је елиминисати на неки други, ефикаснији начин. Игнорисати представу.

„Добро де, добро", рече. „Хајде шени, само ти шени ако ти је до тога толико стало. Али на мене не рачунај више." Окрену се на другу страну па седе на један пањчић. Игнорисање зачас уроди плодом: из дубећег, пас се спусти у положај на све четири. Потом, као да се то подразумевало, леже преко Теових стопала и тако му се, ребрима, нађе ослоњен о цеванице ногу. У таквом положају – јасно осећајући пулсирање Гариног крвотока кроз тканину панталона у пределу својих потколеница – Теова жеља да време с Гаром проведе у поверљивом, лаком ћаскању, ишчиле сама од себе. Једноставно – сада није имао шта да каже. У раменима клону, кичми дозволи да се пресамити тако да му се глава нађе на укрштеним подлактицама руку. У том положају, поче да склапа очи и тоне у лаки дремеж.

Али, не задуго.

„Изгледа, све је узалуд, куцо", с напором подиже главу. Међутим, опет клону. Није имао снаге да започету мисао приведе крају. Најмање десетак минута остаде тако – ћутећи и без покрета.

Једног момента, из крошњи стабала повише њих, нешто се, као, зачу. Птица? Поновљени цвркут пробуди га сасвим. Међутим, по том цвркуту, први пут сада, није могао да идентификује цвркутана. Уместо да по устаљеном обичају то покуша, он, као да реплицира птици, слог по слог изговори: „Не-ћу ти ја из-држа-ти до те пред-ста-ве, куцо." Секунду-две, па додаде: „И птицо."

Истог часа – још увек у седећем положају и са псом на својим стопалима – лице му озари израз смирености. Био је уверен да је рекао сушту истину и та му сигурност олакша доток кисеоника: Велике Представе, дакле, неће бити. Није му толико годило то предвиђање (да се заказана конференција за штампу неће одржати), колико уверење да би за њом престала свака потреба: у случају да он оде, нико не би имао разлога да даље прогони Жанку. Оставили би је на миру. Допустили јој да искористи своју шансу. „Мој одлазак, спасио би је. Не само њу. И Веру. Обе би могле да одахну", чу свој глас опет. „Предлог за искључење Жанке из такмичарског дела Фестивала био би, у том случају, обесмишљен. Тако би Лепе игре замениле и надмашиле њихова ружна поигравања. А ти, Гаро", пружи наниже десну руку којом, најпре потапша а потом помилова пса по гребену врата, „пред новинарима нећеш морати да шениш и с некадашњим судијом, као да је пајац, позираш за снимање."

Опет утону у ћутање. Рука му је још увек је почивала на гребену Гариног врата а поглед – сада – на дворишној фасади куће. У којој се родио, одрастао, остарио и, на крају, доживљава *ово*. Некада бела, сада до тамно-мрког посивела фасада, захтевала је освежење. На свим комадима столарије који су били доступни његовом оку, набубреле напрслине у завршном слоју фарбе, наговештавале су почетак љускања и опадања. Требало је то санирати. Само скидањем старог и наношењем новог, на сунце отпорног слоја, дрво би могло бити спашено од пропадања. Од продора влаге и трулења.

Таквим мислима као да себи поврати снагу, трже се и нађе на ногама а пас, лишен његових стопала, поребарке на голој земљи. „Не, то се не сме догодити", гласно рече. „Тако нешто би господину Дојчиновићу било најлепши поклон од мене. За оно што ми је чинио и учинио. Са Вером и Жанком, он би после лако. Вери, ионако, до становања у овој кући и није толико стало. Добио би је малтене на тањиру."

СУДСКА ПОШИЉКА

За то време Живко Пантић, чиновник Вишег суда, овлаш покуша да, гурајући је левом руком, отвори металну пешачку вратницу на улазној капији у Теово двориште. Пошто му то не успе – вратница се тешко покретала – он својим десним раменом удари мало јаче у њено крило, које се сада широм отвори. Очигледно, овом човеку одраније је било познато како успешно отворити капију која Теову кућу и двориште одваја од улице.

Нашавши се унутра, Живко пажљиво гурну вратницу према носећем стубу па припали нову на жару цигарете коју, догорелу, скину са доње усне. Пошто опушак баци на тротоар иза себе, крену бетонском стазом напред. Био је очигледно нервозан и невесео, а по начину на који је корачао дало се закључити да није први пут овде. Тешко дишући – његова мрка униформа била је деформисана наслагама сувишних килограма – он се с напором попе уз осам степеника на невелики бетонски подест пред вратима и кратко зазвони. Док је чекао на реакцију из куће, пожудно је увлачио дувански дим и истовремено се мрштио због његовог укуса, правећи гримасе којима је изражавао презасићеност опаким отровом. Цигаретом је манипулисао десном, а у левој, у лакту пресавијеној руци, држао је кожну полуакт-ташну, више фасциклу но ташну, коју је, сигурности ради, али и из навике, унутрашњом страном надлактице притискао уз бок свог тела.

Пошто је позвонио, чекао је добрих пет минута, а можда двоструко више. Ипак, није био нестрпљив, није нашао за потребно да и по други пут притисне тастер звонца. Напротив, ова пауза била му је добродошла: ни три четврти сата није прошло откако се, по преузимању, упознао са садржином пошиљке коју је овом приликом био дужан да уручи некада омиљеном судији чика Теу. Видећи са омота о коме је реч, није могао да се уздржи а да је – што дотад никада није урадио – пре изласка из Судске зграда не прочита. Учинио је то у портирници, одмах након што се нашла у његове руке, и у тој мери био изненађен, чак њеном садржином шокиран да, на путу овамо, код једног семафора замало да изгуби главу покушавши да на црвено пређе коловоз. Зато му је сада било потребно време да среди утиске, да се снађе и прибере и да, у то име, попуши још једну, трећу или, можда, четврту, пету цигарету, све припаљујући нову на жар претходне која је догоревала.

Јер тај службени 'папир' задавао му је главобољу, стављао га пред тешко разрешиву дилему. Како чика Теу с њим на очи? Било је то решење, потписано руком недавно постављене Оливере Мартић на положај истражног судије. Према његовом тексту, чији су му се фрагменти комешали по памети, старог судију неко је оптуживао, госпођица Мартић оптужби излазила у сусрет, да је '…у свом дворишту, наочиглед већег броја људи и деце, мучио, ударајући га дрвеним штапом, једног, тамо случајно залуталог, црнодлаког пса непознате пасмине, на који начин је извршио кривично дело…', и тако даље, и тако даље.

У том је, дакле, 'папиру' лежао разлог његовог лошег расположења и оволиког тровања никотином. Али не толико што би га мучила дилема да ли је, за оно што му се ставља на терет, чика Тео крив или не – мада је нешто у њему упорно понављало: није крив, није крив – не, дакле у том 'папиру' као таквом, колико због низа других незаобилазних околности које су, према његовом виђењу ове ствари, том 'папиру' претходиле и практично га, својим значењем и значајем, доводиле у сумњу.

Како, на пример, објаснити да претходник госпођице Мартић, Раша Марковић, човек од несумњивог ауторитета, који је, откако Живко зна, радио у правосуђу, а бар двадесет година био истражни судија, који је, дакле, вичан Правди и Закону да вичнији не може бити, како објаснити да он до сада – у ствари до пре око десетак дана, када је пребачен на друго неважно место у суду – ништа против чика Теа не предузме, а да његова наследница такорећи преко ноћи то учини? Одакле њој, одједном, довољно података и доказа да, сада, против чика Теа одређује спровођење истраге за дело које му новине и телевизија тако дуго приписују?

Та жена, та Мартићка, никако му се није допадала, као што се, уосталом, ни већини других у суду није допадала. Почев од њене замагљене правничке прошлости (знало се, на пример, да нема ни дана праксе на пословима у правосуђу), па до начина на који је дошла на место истражног судије, потиснувши одатле 'старог лафа' Рашу Марковића: без обавезног конкурса и мимо консултације судијског колегијума. Тако нешто, до сада се није десило – кажу. Лош знак за све нас који радимо у правосуђу, говорили су шапатом многи.

Посебно га је љутила њена преподневна наредба да већ данас, по сваку цену, овај 'папир' буде уручен чика Теу. Због тога је, по обављању других неодложних послова у суду, био принуђен да се упути овамо иако је радно време било на измаку. Као да је у питању уручење судске пошиљке неком злочинцу склоном бекству или поновљеном вршењу кривичних дела, а не једном судији у пензији. Судији који је до пре око годину дана био малтене стуб Вишег суда. Због чега, одједном, такав став према чика Теу? Ко у овом Граду има послењу реч када су Правда и Правичност у питању – новине и телевизија, или Правосуђе?

Највише га је, ипак, срдила околност што ће управо он, а не неко други, овај 'папир' морати да уручи чика Теу, он који је тог човека волео више но рођеног оца. Зар да он буде гласник његове несреће? Како ће чика Тео то да доживи? Себе је овог тренутка видео у улози батинаша који ће, уместо батином, по чика Теу, Мартићкиним решењем о покретању истраге.

ГАРИНА ТЕРИТОРИЈА

„Не, не. Не", био је категоричан Тео пошто се, остављајући пса у прашину, нашао на ногама. „Тако нешто ни по коју цену не смем да дозволим." Као да се у међувремену ништа вредно пажње није догодило, глава му је опет била пуна послова и обавеза које је до краја дана ваљало обавити. Из ових стопа, на првом месту, требало је да ослушне уз врата девојачке собе, по потреби и да гвирне унутра, како би проверио шта је са Вером. Ако се још није пробудила – даће Бог да није – требало је надокнадити пропуштено: из подрума донети неко поврће и све што уз то иде како би, за њу и себе, скувао штогод за ручак – ако се, у ово доба, о ручку уопште може говорити. Хлеб је, по свом старом, добром обичају, Вера купила рано јутрос па је, што се тога тиче, било све у реду.

А док, у улози кувара, буде љуштио црни лук, кромпир или шаргарепу, или чистио празилук и радио друге, с тим повезане послове, моћи ће, са оловком на дохват руке, да размишља и о оном главном: није ли му, можда, у *Подсетнику* промакло нешто значајније нашта новинарима ваља указати. Јер, Конференција за штампу, ма колико пре који минут уверен да је неће бити, сада је поново била реалност с којом је рачунао и за коју је требало ваљано се припремити.

Размишљао је, мрмљао, понешто наглас говорио – а пас, шта је с њим? Лишеном Теових стопала, Гари није било друге но да устане. Нашавши се на ногама, више пута је снажно протресао своје витко тело – најпре главу а потом труп, и обратно – збацујући са себе и најситнију трун прашине која му се, током боравка на голој земљи, могла прилепити. Потом се приви уз Теа.

За кожну огрлицу он му опет прикачи металну копчу. Учинио је то са жаљењем: везивање свог љубимца сматрао је суровим чином. Међутим, иако Гара није био ни снажан ни, за људе, опасан пас – опасан што се тиче могућности да их повреди – у два маха је показао да има *јаке* зубе – не за ујед – да је *зубат,* што ће рећи веома *лајав* кад је у питању одбрана домаћинства које га је прихватило. У два маха је, убрзо пошто је постао *овдашњи,* доле поред живице и уз саму капију, са резултатом супротним од жељеног, водио тако жучан *дијалог* с неким млађим гађачима, чак, можда, недужним пролазницима, покушавајући да их одагна од ограде, да је Тео, кућног мира ради, хтео-не хтео, био принуђен да га *лиши слободе.*

Отада, највећи део времена Гара је проводио уз лако звецкање лепо уобличеног и хромираног, али само три метра дугог ланца прикопчаног, посредством беочуга, за добро затегнуту, двадесетак и нешто метара дугу, челичну жицу. Та је жица, истина, захватала добар део ширине горњег дела плаца, али шта је тих двадесетак и нешто метара за младог пса жељног скокова, трчања до изнемоглости, слободе? Жељног да свако дрво, којих около има на претек, пошкропи бар са по две-три капи својих излучевина, и тако свима који наовамо бацају око, јасно дâ на знање да се ту не сме; да је то Теова, а самим тим и његова територија. Колико-толико Тео му је, кад год је могао, надокнађивао оно што је, лишавањем слободног кретања, изгубио: свакодневно, најмање једном пре, једном поподне, метални ланац замењивао је кожним поводцем и водио га у, најчешће краткотрајне, а некад и дуготрајне шетње унутар дворишног дела плаца. Повремено му је, а то је за Гару било право славље, са кожне огрлице скидао копчу и пуштао га да се креће и трчи где год зажели, да забоде њушку и омирише сваки грм, да се, на прескок, помокри на свако дрво које му се, случајно или захваљујући његовом избору, нађе на путу.

Ипак, слобода је слобода; ограничења, поготову оваква, у виду жице и ланца, не иду са њом. Откако му је око врата Тео ставио огрлицу са алком, пас скоро да је – из протеста, шта ли? – престао да се оглашава, да изражава своју индивидуалност, дакле да лаје. То поготову није чинио на онако упадљив начин као приликом 'свађе' доле, уз ограду. Од тога је, разуме се, било изузетака: у ретким приликама пуштао је свом грлу на вољу. То се обично догађало када је, сав устрептао, чуљећи уши и живо увис истежући врат, могао да чује зов своје репате четвороноге сабраће. Њихов лавеж, једнак слању завереничких порука само њему, најчешће је допирао са улице и Градског трга, или из неког од суседних, ближих или даљих дворишта, а каткад и са северне стране, из правца 'брда'. На те позиве жустро је одговарао слањем своје поруке – у виду лавежа, разуме се – а потом пажљиво ослушкивао нови зов како би на њега опет могао да одговори, и опет чује нови зов, и тако даље. Током трајања тих домунђавања, а поготову након њиховог завршетка, шапама је снажно захватао и иза себе бацао – ако је имало шта да се баци – иситњену земљу и прашину. То је редовно престајало оног тренутка кад би се, на ма ком растојању, појавио у те ствари непосвећени Тео. Јер тајна и значење тог ритуала није смела бити откривена човеку, макар се он и Тео звао и макар толико добра за једног припадника псећег рода учинио.

Лишен предњег, дакле дела дворишта испред и бочно од куће, пас као да је тиме био лишен и његовог виртуелног поседовања а тиме и права и обавезе, па, дакле, и интереса и страсти, да га брани и одбрани. Ма шта се тамо догађало, ма какви шумови и звукови допирали из тог правца, Гаре као да се нису тицали више.

Тео га, дакле, остави привезаног и пође натраг према кући. Журио је да, редом како их је пре тога замислио, почне са обављањем планираних, као и других послова који ће успут искрснути.

ЗНАК РАСПОЗНАВАЊА

Пред главним улазом Живко је стајао пет, десет, можда петнаест минута, а да не зазвони још који пут. Уосталом, на Теовој кући, осим овог, главног, постоји и улаз са дворишне стране, што је њему одраније било добро познато. Није, дакле, морао да овде, можда и наочиглед неког знатижељника са улице, изврши предају судског писмена. Пре неколико година, док је чика Тео још радио а Живко имао двадесетак килограма мање, долазио је он у ову кућу више пута. Иако запослен као курир, по струци је монтер инсталација за централно грејање. Када је такво грејање – на електричну струју – Тео уводио у својој кући, Живко је пронашао и довео му једног, за тај посао, од најбољих и најпоузданијих мајстора у Граду. Потом, у току радова, често је навраћао да види како тече монтажа и да ли је све у реду. Свом претпостављеном дао је у вези с тим неколико корисних савета које је овај без двоумљења прихватио. Да би му се, ваљда, за то одужио, Тео је Живковој деци куповао и преко оца у неколико наврата слао поклоне у виду разног воћа, чоколадица и томе слично, а последњи пут, чак, за свако од троје деце по један одевни предмет, и то не било какав већ од оних најквалитетнијих, какви се купују само свом детету.

Он, дакле, не само што је чекао него је на неки начин чак био задовољан што на звук звона нико из куће не реагује: један пролазник се, ено, прилепио уз капију, очигледно решен да одатле не оде пре него што сазна разлог посете судског достављача овој кући. Живко зато остави врата, окрену се и сиђе до дна степеништа, а потом, тромим кораком, крену тротоаром око куће према задњем делу дворишта. Замичући за једну полусребрну јелку која је расла непосредно уз тротоар и затварала видик према улазној капији, овлаш се окрену у том правцу и, бесан због тога, сада угледа, поред већ виђеног, још неколико пари радозналих очију које прате његово кретање. Захваљујући оној јелки, радозналци га, на своју жалост, више нису могли видети и бити сведоци онога што ће се догодити.

Сматрајући да чика Теове поклоне није заслужио, поготову не оне најскупље, Живко је тражио начин да му се одужи. Једног поподнева, пролазећи случајно онуда и видећи како чика Тео коси свој травњак ручном косом, ненајављен је ушао у двориште и помогао у сакупљању и уклањању покошене траве. По обављеном послу, са чика Теом и његовом супругом пио је кафу за једним округлим столом на веранди – камо се сада беше упутио – а за то време из унутрашњости куће повремено се чула музика са клавира. Иако га музика, са тог инструмента поготову, не привлачи нарочито, радознало је окретао уво, а повремено и поглед, у правцу одакле је допирала. Међутим, из учтивости, ништа није питао домаћине. Наслутивши, ваљда, интересовање госта, они му објаснише да то свира њихова 'мала балерина', ћеркица која – чика Тео је то рекао с поносом и прекором истовремено – 'зна само за игру и музику, као да се од тога може живети'. Ипак, родитељи су одлучили – поверише му – да се не мешају у њен избор, предвиђајући јој, с обзиром на упорност и показане резултате, лепу будућност.

Шта ли је с њом?, упита се и тог момента угледа једног старог човека који се, њему у сусрет, из правца задњег, спорим кораком кретао према предњем делу куће. Било му је, како је проценио, можда око осамдесетпет или која година више – никако мање – због чега помисли: чика Теов отац. За такав закључак имао је ваљан разлог: наилазећи старац га је нечим неизрецивим, у првом реду својим ходом и покретима, умногоме подсећао на чика Теа. Међутим, чика Теов отац умро је веома давно, Живко је лично, са још неким чиновницима Вишег суда, присуствовао његовом погребу. Значи, неки деда који се враћа из посете чика Теу, а можда подстанар или рођак, размишљао је. Очи наилазећег старца биле су мутне а коса бела да беља није могла бити. У једној руци носио је некакву плитку, од прућа плетену, доста стару и за излазак у град свакако неугледну корпу. Значи, домаћи, закључи. Али ко?

И тај старац је, приближавајући се, нетремице гледао у њега, с нешто испитивачке радозналости а с више неповерења и опреза, као да пита: хеј, ко си ти, човече, с којим правом идеш овамо као у своје? Очигледно, био је изненађен појавом дежмекастог, не више младог а симпатичног придошлице. Јер, у ово двориште, осим поштара, или инкасанта предузећа за водовод, електродистрибуцију или комуналије, ретко ко да је последњих месеци залазио. Поготову не према задњем делу, резервисаном само за домаћине или позване и посебно блиске посетиоце.

Када су били на око четири метра један наспрам другог, старац изговори прилично гласно: „Живко!" Али прозвани, ма колико дирнут оним што чује, на овај излив старчеве радости остаде леден: Не, то није могао бити домаћин ове куће; наилазећи старац, осим облика лобање и линије која раздваја космати од осталог дела главе – хода више није било – ништа слично нема са чика Теом. Чак и гласом, промуклим и помало пискутавим, тај човек није имао право да у Живковој свести заузме место стаменог судије Зарића кад у препуној великој сали Вишег суда, са подијума за судско петочлано веће, стојећи, изговара *Оглашава се кривим* или *Ослобађа се од оптужбе,* или... Живка су сада гледале неке друге а не чика Теове очи; не очи уоквирене елипсом мајушних бора, поузданим знаком добре воље и жеље за контактом. А ипак, доследности и строгости па, дакле, и ауторитета.

„Живко, кућо стара, јеси ли то ти?" узвикну, очигледно с напором, опет старац. По томе кућо стара, а не по боји гласа или изгледу, Живко је сада знао да је пред њим чика Тео лично: тако га је некад најчешће ословљавао судија Зарић. Поготову кад је био доброг расположења – а такав је најчешће био: *Где си, Живко, кућо стара; Како си, Живко, кућо стара; Донеси или однеси ово или оно, Живко, кућо стара.*

Тим *кућо стара,* чика Тео је од судског особља ословљавао не само њега, већ, често, и многе друге ниже чиновнике. Они су њега, заузврат, с ретким изузецима и то углавном оних старијих, међу собом звали 'чика Тео'. Очи у очи и званично, он је, разуме се, за њих био и остао, а тако су му се и обраћали: 'господин судија Зарић' или само 'судија Зарић'.

Знак распознавања био је, дакле, дат, лозинка изговорена, па више није могло бити сумње да је пред њим личност због које је био принуђен да дође овамо, али не да са њом ћаска о прошлости већ да јој, уз потпис на доставници, уручи судску пошиљку коју је лактом леве руке притискао уз свој леви бок снажније но икад. Био је решен, ма како се догађаји даље развијали, да изврши задатак чиновника Вишег суда како му је службена дужност то налагала.

ПОТПИС

Али га његове непослушне ноге понесоше напред, у сусрет превремено остарелом судији који је, претходно спустивши на тле своју неугледну корпу, већ био испружио руке да прихвати Живкове. „Ја сам, чика Тео", преломи се и први пут у лице том човеку изговори речи којима га је, а да он то није знао, годинама пре тога називао. „Толико сте се изменили да, заиста, никако нисам могао да вас познам. Шта се то са вама догодило, чика Тео?"

„Хајдемо горе", знатно тишим гласом но Живко, рече Тео и руком, овлаш, показа према задњем делу куће. „Причаћемо тамо."

Пропуштајући, као госта, свог посетиоца испред себе – јер тротоар је био недовољно широк да иду напоредо – Тео се сагну и са тла, где Живку беше испала, узе ону полуакт-ташну. Судско писмено, које, приликом пада, делимично беше исклизнуло ван њеног обода, погурну натраг, али ташну не врати Живку одмах, намеран да то учини кад стигну изнад куће. Задржа је у оној руци којом са земље, скоро истовремено, подиже и своју корпу намењену шаргарепи, и тако понесе идући за неочекиваним а драгим *гостом*.

„А и ви сте мене, видим, једва препознали", рече Живко полуокренут уназад како би домаћин могао боље да га чује. „Није ни чудо, у последње време много сам се угојио. А и време чини своје."

Међутим, Тео не само да га је добро чуо већ га – пролазили су поред прозора девојачке собе – замоли да тише говори.

„Јој, извините", нагло утишаним гласом рече Живко, постиђен због своје необазривости и бучности.

„Болесна ми је Вера", као да се правда, свој поступак објасни Тео.

Али га Живко не схвати сасвим: „Ћеркица?" упита.

„Ма не", рече Тео. „Вера, моја супруга. Она нам је кувала кафу кад си ми оно – колико има од тада? – помагао при сакупљању тек покошене траве с моје 'ливаде'." И ту покуша да се, при помињању речи 'ливада', мало и насмеје. „Зар се не сећаш?"

„Како да не. Сећам се врло добро.", рече Живко. „Ваша супруга, дакле. Заборавио сам јој име. Надам се није ништа озбиљно?"

„Како се узме", одговори му Тео. Мало поћута, а потом, нагињући се према госту, поверљиво додаде: „Погођена је оним од јутрос. Као да су на њу циљали, мада је јасно да су мене имали у виду. Свеједно – за њих свеједно – преко ње, мене су погодили." Код тих речи, Тео се слободном, полусклопљеном шаком пипну у пределу леве стране груди, означивши тако место поготка.

Живко застаде збуњен: о чему то чика Тео?

Старац, међутим, његову збуњеност не примети. Очигледно, био је уверен да је јутрошњу фотографију у *Призми* досад морао да види свако, па, наравно, и судки курир. И не само види, већ и да зна за њено разорно дејство по здравље чланова ове породице, разуме језик којим се њен домаћин, поводом тог дејства, у последње време изражавао.

Живко, дакле, застаде – сада су већ били изнад горњег угла куће, на неколико корака од веранде и округлог стола за којим су некад пили кафу – застаде и окрете се према чика Теу: „Надам се да то с госпођом Вером није тако озбиљно?" поново рече.

Овога пута Тео му не одговори на исти начин. Пошто своју неугледну корпу спусти на степеник преко кога се улазило на веранду, само рече: „И ја бих волео да је тако." Истовремено, ону службену полуакт-ташну пружи једном руком према Живку а широким гестом друге позва га да се са њим попне на веранду и седну за сто. Притом је, малтене раздрагано, говорио: „Да знаш колико се радујем што си дошао. Нико ме се из суда, осим Мије и Тонке, сада ево и тебе, у последње време није сетио. Знао сам ја одувек, одавно сам се у то уверио, да си ти изузетан човек. Један од најбољих кога сам уопште упознао."

Примивши службено судско писмено из руку оне личности којој је требало да га уручи, Живко закључи, сасвим исправно уосталом, да је његова чиновничка савест једног тренутка била потпуно затајила – што се десило, вероватно, приликом поздрављања са чика Теом – затајила до мере која је неопростива. Не часећи часа, а да би искључио могућност нових емоција а тиме и искушења, он изрече или повери чика Теу прави разлог свог доласка: не да седи и с њим разговара о овом или оном, већ да му, као службено лице, уручи решење којим је против њега одређено спровођење истраге. Потписану доставницу је дужан – додао је – из истих стопа да врати у суд и преда истражном судији лично (име није поменуо), који ће за ту прилику овог поподнева бити на свом радном месту. Све то, додуше, не мора да је речено баш тим речима и на такав начин (касније ће се сећати и објашњавати Живко), али, по смислу и садржини, тако некако сигурно јесте. Како би иначе другачије?

Зачудо, чика Тео је све то примио савршено миран као да се тицало неког другог а не њега. Живков задатак тиме је, разуме се, у великој мери био олакшан. Штавише, прикладним речима, бивши судија укорио је посетиоца што одмах није навео прави разлог свог доласка, напомињући истовремено да је посао посао и да он, Живко, нема због чега свог посла да се либи. Примајући у руке судску пошиљку рекао је, више за себе него за Живка, нешто што је могло да се разуме као: „И правосуђе је, значи, пред том силом капитулирало. Ипак, не могу да верујем да је и Раша поклекнуо."

Наслутивши значај те околности, Живко искористи помињање претходника новопостављене Оливере Мартић на положај истражног судије, да обавести чика Теа како је Раша Марковић из Истражног, неочекивано премештен у Одељење судске праксе, да, дакле, његовом руком није потписано решење које му уручује. Ову информацију чика Тео је примио са видним изненађењем, али и – олакшањем. Поћутао је неку секунду, подижући у ритму свога дисања грудни кош горе-доле, а затим нагло рекао: „Додај ми доставницу."

Наступио је тренутак потписивања доставнице. Чика Тео је, зачудо, добро видео, али да се потпише – он који је до пре четири дана уредно попуњавао своје свеске – да се потпише сад није могао. Најпре је покушао да то учини стојећи. На сто коме су пришли, Живко је поставио и раширио доставницу, маркирајући са два прста место за потпис. Узалуд – хемијска оловка у чика Теовој дршћујој руци никако да својим врхом погоди маркирано место. Када се, коначно, то десило, та рука остаде непокретна.

„Седните, чика Тео", као да је код своје куће, рече Живко. „Ја не журим." Притом, да би му дао пример – правила лепог понашања била су у том тренутку бесмислена – седе на једну, а другу столицу погурну до самог домаћина. Пошто је сео, Теу некако пође за руком да нацрта – најприближнији израз – по два-три почетна слова свог имена и презимена. То је било довољно. Својим потписом, Живко на доставници потврди уручење. Тиме је службени део посла био завршен. Пре него што је устао, Живко доставницу пресави унакрст и – што је сигурно, сигурно је – стави у унутрашњи џеп свог службеног копорана а не у полуакт-ташну.

„Сад иди", рече Тео. „Свој посао си ваљано обавио. Доста за данас. Нестрпљив сам да видим шта то у овом документу за мене пише."

Потом, окрећући се од свог посетиоца, са стола узе решење истражног судије *намеран да му се у йошйуносши йреда.*

По Живковој процени, био је то тренутак када је старог судију ваљало оставити самог. Сматрао је бесмисленим, чак недопустивим и неучтивим, да ишта више каже, пита или учини. Устаде, столицу на којој је пре тога седео, погурну натраг испод стола и оде. Побеже са лица места, како би, држећи се његових каснијих речи, на овом месту – ако хоћемо право – требало да стоји написано.

Успут, према излазној капији, чуо је себе како изговара, час гласно час полугласно, једно за другим више пута: *Шша су урадили са човеком,* или: *Шша су найравили од човека; Убили су човека,* или: *Убише човека; И шо каквой човека,* или: *Унишшили су човека.* И све у том смислу[4].

Дошавши до улазне капије, пешачку вратницу тако снажно и нагло цимну према себи да двоје радозналих, раменима налегли на њу – вероватно они исти који су од почетка пратили његово кретање – скоро наглавачке упадоше унутра. „Склањај се, багро једна", рече, али не оде пре него што, и са вратница колског улаза, уклони бар још тројицу-четворицу знатижељника. Онако здепаст, крупан и љутит, а у униформи, изгледао је као оличење снаге, реда, одлучности и официјелне Правде, тако да се нико не усуди да му на било који начин противречи или пружи отпор.

---

[4] И наредних дана, у суду, Живко је давао изјаве сличне садржине. Емотивне и патетичне – стога код судског особља веома ефектне – оне су биле повод да му, по пријави истразног судије Оливере Мартић, од стране Дисциплинске комисије правосудних органа, буде изречена дисциплинска мера умањења личног дохотка за 15% у трајању од годину дана. Након тога, заћутао је.

Из решења Дисциплинске комисије види се да је, поред осталог, изричито, у више наврата, изјављивао: „Мене су одредили да човеку, кога су месецима морили и уморили, задам последњи, смртни ударац."

ТРЕЋИ НАПАД

Кад једна веверица доскакута низбрдо, Тео је још увек седео у положају у коме се затекао при Живковом одласку. Игноришући његово присуство, она на десетак метара од веранде поче да претражује тло око лесковог жбуна према западној граници плаца. Мада је повремено подизао поглед и пратио њене кретње – била му је у видном пољу – Тео према симпатичној крадљивици остаде потпуно равнодушан. Пред собом, у десној руци, држао је решење о отварању истраге које му је Живко уручио и полако, реч по реч, враћајући се на неке више пута, ишчитавао шта у њему пише. Али, уместо 'ишчитавао', тачније би било рећи: погледом овлаш прелазио преко онога шта тамо пише. Пред чињеницом да је против њега одређено спровођење истраге, без значаја је било питање: за које кривично дело? Од првог тренутка добро је знао да је све то у блиској вези са 'информацијама' које су о њему мас-медији тако упорно и тако дуго пласирали. Чему детаљи? Чему трагање за апсурдним у апсурдности самој?

Уопште, све је – сада – губило смисао, ништа му више није изгледало важно, па ни то што је на његову штету поступак озбиљно прекршен: спровођење истраге одређено је а да он, као окривљени, претходно није саслушан како то закон налаже. Новој истражитељки Оливери Мартић, чије име је у потпису одмах запазио, из неког се разлога журило, необично журило (и сам Живко је то потврдио), па није стигла да га позове и саслуша. Који је разлог толикој журби? Страх од суочења са њим? Ни одговор на то питање не би му значио ништа. Закон је, додуше, допуштао могућност отварања истраге и пре саслушања окривљеног, али само у случају ако постоји опасност од одлагања. Каква би опасност од одлагања могла постојати у његовом случају? Једино могућност да он оде. *Да побегне.* Један мишић који, уз још неке, по правилу наговештава осмех, благо задрхта крај наушнице старог Зарића.

Тако питање личности Оливере Мартић би удостојено његове пажње.

До своје дванаесте, можда тринаесте, расла је 'Оли' – тако су је звали – као његова прва сусетка. Расла с друге стране ограде уз коју је, ено, веверица још увек пословала. Десетак година млађа од њега, она је – чини му се од свог рођења – са сетом и завишћу гледала наовамо. Кућа Зарићевих била је мета њеног погледа и зависти. Провиривала је попут пољског миша кроз рупу у огради коју је, у сплету сваковрсне пузавице урасле око жичане мреже, сама начинила, ломећи младе гранчице и кидајући лишће и цветове. Као да је, с ове стране, царство снова у које би да до рамена зарони својом дечјом главом и тако пригуши, до неподношљивости иритирајуће, гласове двоје по њен живот кључних људи – својих родитеља. У ватри међусобних обрачуна, на њу су све чешће заборављали: отац јој је био захваћен неизлечивом коцкарском страшћу и због тога се свакодневно гложио са њеном мајком. Тај миш, иако збуњен, чак успаничен због онога што му се догађало, брзо је растао и развијао се. Тео то није, или једва да је примећивао. Интересовале су га друге ствари а не брзина којом расту девојчице.

А онда, једнога дана – био је пред дипломирањем – враћајући се са факултета, малтене налете на повремено виђану младу сусетку. Очи су јој гореле необичним, не више наивним дечјим сјајем.

Усне јој је, вероватно први пут тада, покривао танак слој кармина боје недозреле трешње. Међутим, утисак што га је на младог дипломца оставио њен, при врху заоштрен и надоле повијен носић, бацао је у сенку све те очигледне напоре за допадањем. 'Као у копца', наметну му се помисао. Пре него што је стигао да ишта каже, девојчица му у руке тутну белу коверту на којој је, лепим полуштампаним словима, било исписано његово име и презиме. Без речи се окренула и, имитирајући ход одрасле жене, отишла у правцу своје капије. Тек тада, погледавши за њом, приметио је њену, за моду оног времена, чак и за девојчице непримерено кратку сукњу.

Дан или два после тога, у један велики камион с приколицом, натоварене су и до новог станишта превезене све ствари западних суседа: Оливерин отац је, на коцки, био изгубио сву своју овдашњу непокретност. Где се та породица преселила, Тео никада није сазнао нити се за то интересовао, мада је у писму, које му је остало у руци, била исписана њена нова адреса. Он, изабраник 'Олиног' срца – смисао је остављене поруке – требало је да је потражи или јој се јави како би њих двоје 'засновали нераскидиву љубав.'

Тако је окончан први напад.

Отад је прошло много времена – Тео још увек није био ожењен – кад са врата његове канцеларије неки службеник суда најави посету: „Ваша колегиница из Удружења правника. Жели службено код вас.." Иако заузет проучавањем судских списа, Тео рече: „Нека уђе." Оливера Мартић! Прво што му је пало у очи док је за собом затварала врата, била су њена упадљива колена – сукња јој је, с обзиром на пуначко, збијено тело, била прекратка и преуска – и друго, опет, њено, истина пажљиво нашминкано, али, ипак, лице огладнелог копца у потрази за пленом.

Дипломирала је на Правном факултету пре неку годину и радила као правни референт у Градском предузећу за јавни путнички превоз. Однедавно је члан управног одбора Градског удружења правника и то је разлог њеног доласка код свог колеге и суседа из детињства. Тео није учлањен у то Удружење а требало би да је. Зарад себе – то Удружење може свом члану, у невољи, итекако да устреба – и зарад ауторитета Удружења. Зар да судија, и то један од веома угледних и перспективних, не буде члан тог Удружења? Ипак, није дуго говорила. Дала му је образац приступнице који је требало да попуни и преда неком из управе Удружења. Она може да дође и узме га, ако му то више одговара. Ионако се на свом радном месту не претрже од посла. Нек јој се, кад приступницу попуни, само *јавне* телефоном – дала му је број – и ето ње овде. На поласку, приликом руковања, осети дискретан, неуобичајен стисак њене руке који је могао да се протумачи и овако и онако. Али не, она га је гледала право у очи и, истовремено са стиском, изговорила: „Успут, да вас подсетим на оно писмо. Одговор још увек чекам."

На тај одговор није дуго чекала. Након два месеца, Тео се венчао са Вером која му је, кроз неколико година, родила дивну смеђокосу ћеркицу.

Тако је завршен други напад.

Трећи, одлучујући напад, дакле. Овога пута не само на њега. И на Законитост саму. Јединствена прилика да се освети за све поразе, промашаје и фрустрације из прошлости, личне и породичне. Службени положај у функцији наплате старих, рачуна из детињства: најранијег, раног и оног касног, на прелазу из детињства у девојаштво. И, најзад, пораза којим је окончан други напад. Прилика, дакле, да боље не може бити.

Доскора она – знао је добро – судија није била нити је испуњавала услове да то постане. Како их је испунила? Којим ли је све странпутицама, правним или неким другим, њено постављање за судију кроз Скупштину 'прогурано'? Али, ако су градски оци, пред уценама моћних појединаца, могли да изгласају некакву значајну одлуку против њега – о чему га је обавестила Тонка Филиповић – зашто, за судију, не би могли да поставе личност која не испуњава основне услове за тај положај? Штавише, вероватно је да су обе ове одлуке разматране и усвојене у пакету, на истој седници. Шта се, међутим, њега то сада тиче.

ПОСЛЕДЊА ШЕТЊА

Судско писмено о покретању истраге Тео пресави начетворо и сложи у леви, горњи џеп платнене јакне коју је имао на себи. Потом устаде, пажљиво извлачећи ноге испод стола како би предупредио шкрипу столице. Покрети су му били одмерени, добро усклађени и целисходни. Тиме је пријатно био изненађен. Иако је пре Живковог доласка то учинио, поново пође према вратима иза којих је спавала Вера. Све је било у реду: дубоко дисање које се из собе чуло повремено се граничило са хркањем. Задовољан тиме, споредним просторијама продужи према предњем делу куће. Успут, са базе бежичног телефонског апарата, узе и у десни џеп спусти слушалицу: док буде напољу могло се десити да позове Жанка. Враћајући се према веранди, из фиоке комоде у предсобљу узе лист канцеларијског белог папира и црни фломастер које, по изласку напоље, спусти на сто. Пошто Гари однесе храну и свежу воду, врати се столу. Тренут-два постоја без покрета. Потом седе, узе фломастер и, на припремљеном папиру, поче да пише. Иако су му покрети руке били опуштенији и целисходнији но кад је, кратко време пре тога, пред Живком покушавао да се потпише на судској доставници, с писањем није ишло како је очекивао. Обликовање слова обичне величине, превазилазило је могућности његове дршћуће руке. Након неколико узалудних покушаја, који бели лист папира покрише нечитљивим шкработинама, од првобитне замисли одустаде. Згужва и баци парир па на бело обојену таблу стола веома крупним, једино могућим, полуштампаним словима написа: ШТО ГОД ДА БУДЕ СА МНОМ, НЕ ЈАВЉАЈ ЖАНКИ ДО КРАЈА ФЕСТИВАЛА – ТЕО.

За то време пас је завршио са вечером, полокао већи део воде и, као да се игра, по дну чиније је ловио последње мрвице хране – увери се, дошавши до његове кућице. Скину му копчу са огрлице. Пошто изведе уобичајено трчање од леве до десне границе плаца, задихан, стаде пред Теом. Све је на њему, укључујући јарећу брадицу и кићанку репа, треперило: ходање је имало да почне истог трена, макар се цео Град на главу превнуо.

„Одлучио сам да *одем*, Гаро", рече Тео и пружи корак. Као запета пушка, пас му се прилепи уз десну ногу. „Ако сам до Живкове посете могао да се двоумим, чуду некаквог преокрета да се надам, сада је, уз документ који ми је он уручио, све готово. Сувише је то јак ударац, Гаро, да би га моје срце могло издржати. Право је чудо како је и досад издржало. Зато реч 'одлучио' и није права. Готово да је лаж. Помирио сам се са неминовношћу свог *одласка* – поштеније је рећи. *Они* су одлучили."

Заћутао је на тренутак. „Видиш, куцо", хтео је да буде сасвим јасан, „кројилац наше судбине није Онај Горе" – погледа према небу – „већ овај горе" – покретом главе показа у правцу северне граничне линије. „Кад такви одлуче да ти узму душу, узалуд је опирати се. Нисам ја малодушан, Гаро. Али ни слеп нисам. Ни глуп. Видим шта раде. Брутална, безобзирна сила која не преза ни од чега када је сопствено увећање у питању. Што је најтрагичније, нигде никакве бране томе. Како да им се супротставим? Чију помоћ да затражим?

Јер – суда више нема, Гаро. Да, добро си чуо: нема суда. Срозали су га. Уништили. Оружјем своје похлепе начинили. А без суда, праведног и правог, а не суда само по имену, Истине и Правде нема нити их може бити. А шта је живот без Правде и Истине? Мрак, мрак, свуда мрак. Безнађе и ништавило. Поражен сам, поражен, Гаро. До ногу потучен. Против мене је покренут кривични поступак. Уз моје име, у судским каталозима и списима, дописана је реч 'окривљени'. Тако ће и остати, јер неће бити прилике да се одбраним. Да се одбраним и, бранећи се, њих оптужим. Знаш ли ти шта то значи? Еј, знаш ли?"

Пошто су се кретали узбрдицом, истина благом али узбрдицом, дисао је, са повременим застојима, дубоко и убрзано. Међутим, никакав умор и задиханост нису га могли спречити да, на питање псу постављено, сâм одговори: „То, значи да неком силнику нешто треба. А када неком од њих нешто затреба... Када на нешто покажу прстом и рекну 'то', тешко теби ако им узвратиш са 'не'. А ја сам једном таквом, на његово 'то', рекао 'не'. У томе је, ако хоћеш да знаш и ако можеш да поверујеш, разлог што сам, ни крив ни дужан, од данас окривљени."

Пошто успори ход, заћута на тренутак. Пас, вођен инерцијом кретања, наће се корак-два испред њега. А кад се, уз један бусен ливадарке, потпуно заустави, и пас учини исто. Био је то предах, Теу тако потребан у овом часу, мада, што се пса тиче, сувишан, чак непожељан, скоро мрзак.

„Тако ми, људи", настави стојећи уз бусен ливадарке, „уређујемо заједнички живот међу собом – ако се уређивањем може назвати стварање поретка у коме функционисање највиших институција градске власти зависи..."

Као да је унапред намеравао да на овом месту прекине Теову мисао, пас главом нагло тргну према задњем делу свога тела и зубе наби у сопствено крзно при врху леве слабине. Очигледно, нечишћен и нечешљан последњих петнаестак дана, стекао је неког сићушног становника чије му је присуство у овом тренутку засметало. Настојао је да га се дочепа и здроби га зубима. Потпуно предан започетом подухвату, сада, наравно, није могао бити достојан Теове приче. Али Тео није журио да је исприча, имао је разумевања за псеће муке. Чекао је.

„... од добре воље и расположења неколицине бескрупулозних, до незаситљивости похлепних, градских силника", изрече у једном даху након што Гара, мљацкајући као да жваће богзна какав залогај, врати главу у нормалан положај. „А можда би их", додаде полугласно, „судећи по томе шта чине и како се понашају, пре требало назвати 'силеџијама'. У ствари, они то јесу."

Поново, као један, наставише узбрдицом. Поједине дуге, суве травке, ове године поштеђене Теове ручне косе, нерадо су им се склањале с пута па их је овда-онда он повијао руком, час у једну час у другу страну. „А то није случајно, Гаро. Они су тако наместили ствари и у недоглед их тако намештају. Себе ради. Да би могли да чине то што чине. А сам видиш шта чине: подвргли су ме невиђеном насиљу да би, наводно, тебе и твоју сабраћу заштитили. Највећи злочини, Гаро, правдају се хуманитарним разлозима."

Пролазили су на неколико корака од једног јавора, правог и витког, глатке коре. Теу се однекуд прохте да додирне то фино дрво па скрену према њему. Његову облину најпре притисну длановима, максимално при том раширивши прсте, како би додирна површина била што већа. Потом се, између својих шака, на стабло ослони челом. Ћутећи, неко време остаде непокретан. Тело биљке, у поређењу са његовим, било је пријатно хладњикаво. Годило му је. Тренутак потом, окрену се и јавор му се нађе за леђима а пас пред очима. Глава животиње, непокретна, била му је лицем окренута. Изгледало је да будно прати шта он то ради. То лице, једног тренутка, као да доби људски израз.

„Оптужница мора бити поднета", рече тако нагло да се Гара готово трже, изненађен. „Ко ће је поднети? Ко ће ме заступати? Ко ће бити оптужен? Новинари? Сви, или само они који су безочно блатили моје име, засипајући јавност лажима о мени? Град? Цео – или само његов естаблишмент? Сви, или само они његови становници који су се каменицама бацали према мојој кући? Шта са писцима, филозофима, лекарима који су, потписујући петицију против мене, безрезервно подржали господаре зла и нудили им своје *добре* услуге?

То што је мени учињено нипошто не сме да буде препуштено забораву, остане незабележено. Да прође некажњено. Убиство из користољубља. На свиреп, окрутан, уз то и подмукао начин. Многомесечно, поступно лишавање живота, уз задавање патње жртви које, по трајању, и интензитету, превазилазе оквир редовних патњи. Мрцварење ускраћивањем душевног мира и истине као ускраћивањем хлеба и воде. Замена класичног средства извршења – ножа, револвера, отрова, металне шипке, секире – лажним вестима. Такозваним информацијама. Клеветама. Речима, убиственијим од шиљка бодежа. Поганим, мрским речима, од којих најчешће страдају добри и прави људи. Убиство, готово наочиглед моје супруге и моје ћерке. Наочиглед целог Града. Застрашивање породице. Духовна контаминација средине у којој њих две треба да живе када ја одем. А ипак – нигде починиоца. Сви невини, као да се није десило ништа. Готово савршен злочин. А жртва? Човек који је цео свој живот посветио борби против злочина и злочинаца. Зар је то могуће?"

Направивши мали искорак, левом руком се ослони о јаворово стабло. Тако је био сигурнији у своје ноге. „Оптужујем те, Граде", изговори у једном даху. „Оптужујем те због твог устројства, које је омогућило и омогућава овакве ствари, ниске ударце…"

Није тачно знао коме се обраћа, ни да ли је разумно да своју оптужбу – до које је итекако држао – износи пред једним џукцем као пред судским већем. Није, чак, био начисто с тим да у овом тренутку потпуно влада собом, да му је, после свега, моћ расуђивања могла остати неначета. Међутим, већ и само постављање таквих питања, терало га је да настави. Морао је да попусти озлојеђеном, неправдом погођеном дечаку, али и судији у себи. У противном, могло се догодити да га, истовремено, обоје потпуно изневере.

„За вас", осврну се око себе као да су они којима се обраћа ту, на корак-два од њега, „који сте непосредно – а свесно и злонамерно – по наруџбини и за рачун Сотоне, блатећи моје име преко мас--медија, обавили лавовски део посла у извршењу овог гнусног дела, захтевам дубоки презир. Презир без сажаљења. Бојкот. Апсолутни. И трајни. И да се никад више, ником од вас, у руке не да ни перо ни диктафон, писаћа машина, компјутер, или што друго сличне намене."

Заћута колико да предахне, па настави још жешће, мада тише: „А, оним појединцима који су обавили најподмуклији, најпрљавији део тога посла – организовали и извршили снимање, па сачинили, осакатили и објавили фотографије са црним псом – да се у личне исправе, досијеа, пратећу документацију, свуда, свуда, у рубрици занимање, упише: 'морални монструм', 'тровач људских душа', 'убица пером', 'убица пар екселанс', 'убица...' " Због жестине изговорених речи, још више због оних неизговорених, поче да губи дах. Помно удишући ваздух, би принуђен да заћути.

Овако нешто псу се, очигледно, није допадало: очекивање да ће се, за разлику од претходног, ово дружење одвијати кроз кретање, стално кретање, текућим заустављањем било је изневерено. А ни то – тако упадљиво – грљење јаворовог стабла и ударање челом у његову кору, уз мукло изговарање некаквих речи, није могло да значи никакво добро.

Теовом оку не промаче Гарино врпољење, премештање с ноге на ногу, нервозни лево-десно покрети главом. Знао је да им је ово последња заједничка шетња и желео је да је што боље искористи. Да драгој животињи учини све по вољи. Сада му то неће бити тешко: после онога што је изговорио, осетио се, наједном, знатно боље.

„А шта о својим суграђанима", упита, настављајући са псом узбрдицом, „шта о њима да кажем после свега што ми је на њихове очи и, често, уз њихову асистенцију учињено? Зар и њих на оптуженичку клупу? Већина их је, Гаро – у то не може бити сумње – на овај или онај начин на мом прогону са мојим злотворима сарађивала. Здушно им помагала. Зарад новца, из страха за своју егзистенцију, зато што су медијски *изманипулисани* – зар је то важно? Да можда, ипак, не претерујем када о највећем броју својих суграђана овако судим? Шта ако они, сем сервиране, до друге, праве истине, нису могли да дођу? Јер – руку на срце, Гаро – из сата у сат затрпавани вестима сад о овом сад о оном, они нису ни били у положају, нити су имали времена и могућности, да проверавају шта се у Граду, посебно у мом дворишту, стварно догађа. У њихове главе, као о глиненим ћуповима и расаду биљака да је реч, Сатана је могао, у складу са својим потребама, каква год хоће уверења да расађује. Кад му се прохте он то у сваком тренутку може. Онеспособљене да разликују лаж од истине, те људе скоро да пре треба жалити но оптуживати. Како, дакле, на њихово поступање да гледам, куцо? Кажи ми, то ми кажи и бићеш најпаметнији пас у Граду.

Теово емотивно, повремено и патетично а ипак монотоно поверавање, уз споро напредовање благом узбрдицом, темпераменту младог пса никако није погодовало. Оно главно – да, говорећи то што је говорио, Тео, у ствари, говори о разлозима због којих ће га вечерас заувек напустити – није, изгледа, продирало у његову псећу главу: није показивао никакве знаке потиштености. Напротив, изнуђену спорост кретања компензирао је успутним живахним поскакивањем и свим могућим и немогућим увијањем свога вижљастог тела. Репић му је, као лепеза, хитро летео лево-десно. Очигледно, кретање, макар и сасвим споро, само по себи га је чинило задовољним. Код задњих Теових речи не издржа но се једног момента, скакутавим кораком, одвоји од њега добрих двадесетак и нешто метара и нађе уз саму северну међу – сада су били у горњем делу плаца – где према једном грму дуњарице подиже десну ногу. Лепо се, према умирућем светлу дана, могло видети како неколико капи његове мокраће пошкропише гранчице заскочене биљке.

У одсуству јединог слушаоца, Теу није преостајало ништа друго но да ућути. Али, уместо разочарања због нетактичности тог слушаоца, лице му озари радост као да је Гара, на његове очи, према некој усправној биљци први пут подигао задњу ногу. Овога пута, међутим – у томе је била ствар – пас је пошкропио дрво уз саму северну међу, претходно заобишавши неколико изврсних мета-смрча које су се, на путу до дуњарице, нудиле његовим нагонима. Оне су, међутим, расле унутар Теовог плаца и, као такве, биле недостојне његове псеће пажње.

„Браво браво", као препорођен, викну Тео па искорачи нагло напред, готово се дивећи снази свога гласа и дужини искорака. Пса није требало много охрабривати да својим нагонима пусти на вољу. Најпре зажди према стаблу једне двадесетогодишње смрче – Тео ју је својом руком засадио кад му је било четрдесет и нека – па и њу пошкропи својом магичном течношћу. Док је то чинио, Тео је говорио: „Тако, Гаро, тако; садио сам је за себе и своје потомке, а не за неког незајажљивог скоројевића који би да све што види стави под своју шапу. Нека моје непристајање буде оверено твојим знаком."

Пошто пас тренутно беше застао, Тео му довикну: „Напред, Гаро, напред, не губи време." Као да подстицање речима није било довољно, Тео је, уђим увијањем свога вижљастог тела. Репић му је, као лепеза, хитро летео лево-десно. Очигледно, кретање, макар и сасвим споро, само по себи га је чинило задовољним. Код задњих Теових речи не издржа но се једног момента, скакутавим кораком, одвоји од њега добрих двадесетак и нешто метара и нађе уз саму северну међу – сада су били у горњем делу плаца – где према једном грму дуњарице подиже десну ногу. Лепо се, према умирућем светлу дана, могло видети како неколико капи његове мокраће пошкропише гранчице закочене биљке.

У одсуству јединог слушаоца, Теу није преостало ништа друго но да ућути. Али, уместо разочарања због нетактичности тог слушаоца, лице му озари радост као да је Гара, на његове очи, према некој усправној биљци први пут подигао задњу ногу. Овога пута, међутим – у томе је била ствар – сас је пошкропио дрво уз саму северну међу, претходно заобишавши неколико изврсних мета-смрча које су се, на путу до дуњарице, нудиле његовим нагонима. Оне су, међутим, расле унутар Теовог плаца и, као такве, биле недостојне његове псеће пажње.

„Браво браво“, као препорођен, викну Тео па искорачи нагло напред, готово се дивећи снази свога гласа и дужини искорака. Пса није требало много охрабривати да својим нагонима пусти на вољу. Најпре зажди према стаблу једне двадесетогодишње смрче – Тео ју је својом руком засадио кад му је било четрдесет и нека – па и њу пошкропи својом магичном течношћу. Док је то чинио, Тео је говорио: „Тако, Гаро, тако; садио сам је за себе и своје потомке, а не за неког незајажљивог скојевића који би да све што види стави под своју шапу. Нека моје непристајање буде оверено твојим знаком.“

Пошто пас тренутно беше застао, Тео му довикну: „Напред, Гаро, напред, не губи време.“ Као да подстицање речима није било довољно, Тео је,

Током Теове приче и набрајања – а то је текло споро, сасвим споро – пас је устао и, опет, почео да се јуначи, премешта с ноге на ногу као да се припрема за нови јуриш. „Смири се, смири“, рече Тео. „За данас доста. Време је за повратак. Сутон почиње.“ По гласу и начину на који је говорио – повремено би нагло отворио па затворио уста као да гризе ваздух – било је јасно да су тренуци самозаборава и ведрине, свакако изазвани непредвиђеним егзибицијама вољеног пса, почели узмицати пред стварношћу. Пажљиво се окрену и, праћен Гаром, крену полако натраг.

УТОЧИШТЕ

Уз свој све тиши глас чуо је како у вршним гранама дрвећа, већ уроњених у полутаму – био је први сумрак – хуји вечерњи ветар. Као у инат, уместо горе, у сусрет ветру и висинама, Теа је нешто вукло доле, према земљи. Погледом око себе тражио је погодно место за кратак предах. Тек тренут-два, колико да смогне снаге за повратак. Опирао се, борио: ако дозволи себи да седне, ко зна да ли ће и како успети да устане. На крају, победио је. Није се дао. Није сео. Продужио је. Био је задовољан, малтене поносан собом због те победе.

Успут, у ходу, оцењујући све разлоге за и против, занемоћалом телу је ипак направио уступак, чак већи и привлачнији од одбијеног: уместо према кући, скрену удесно, у правцу једног, од куће осетно ближег смоквиног стабла. Издвојено од осталог дрвећа, наглашено широке а ниске круне, доминирало је на том месту. Очигледно, из истог, или некада истог корена, овде је расло више стабала која су, због своје узајамне повезаности и испреплетености, чинила кохерентну целину. Та смоква, унутар свог хабитуса, подно своје богате крошње, раширених грана које су врховима до тла допирале, имала је простор погодан за дечје игре *скривалице,* али и за умни рад или одмор одраслих. Током минулих година, тај простор издашно је служио и за једно и за друго. *Открила* га је Жанка још у предшколском, да би га са школским другарицама интензивно користила у школском узрасту. У току првог, другог и трећег разреда основне школе, овде их је, неретко, долазило и по неколико – једном десетак – да би се две од њих усталиле и, са Жанком, до шестог или седмог разреда тамо завлачиле. Често је отуда, понекад и до мрклог мрака, допирао њихов звонки смех или се чуло, сад поверљиво, полутихо, сад, опет, гласно и прегласно, коментарисање појединих згода и догађаја из школе, посебно из њиховог разреда или одељења. У ствари, Тео је још као студент, током летњих жега, овде свакодневно долазио са столицом на расклапање у једној и неком књигом, најчешће факултетским уџбеником, у другој руци. И касније, као судија, повремено је користио тај кутак, најчешће када се, оптерећен неким замршеним кривичним случајем, мучио да нађе право решење. Под том благословеном смоквом, како ју је понекад, управо због тога тако називао, решење је, зачудо, долазило 'само од себе'.

Прилаз смокви налазио се с њене доње стране. Тамо је постојала приступна стаза и отвор у круни дрвета кроз који је под њу, ако се гране мало разгрну, лако могло да се уђе. Прићи јој из правца одакле јој се овом приликом приближавао, било је ризично због многих неравнина које су се с те стране налазиле. Међутим, за њено обилажење Тео није имао ни снаге ни времена. Зато се, хтео-не хтео, одлучи за најкраћи пут. Некако је успео да се примакне широкој, густој крошњи и сад је стајао пред њеним искошеним, неравним зидом. Разгрнути гране на месту где никад нису померане, било би тешко и за човека далеко веће снаге, а некмоли за садашњег Теа. Ипак, пошто је већ био ту нешто је морао да предузме. Пас се мотао око његових ногу док се он отимао са једном подебелом, кривом граном. Кад му се на неравном, сувом тлу ноге једног момента оклизнуше, да се рукама није држао за ту грану, дошло би до пада са непредвидивим последицама. Овако, он се бочном страном тела пажљиво спусти на земљу и, померајући се педаљ по педаљ, час поребарке час на леђима, успе да се, у лежећем положају, подвуче под своју благословену смокву. Истовремено, и пас се, некако, нађе тамо.

Јасно је схватао шта се догађа. Подухватом који је управо окончао, био је задовољан. Није ни помишљао да се лиши лежећег положаја у коме се налазио. Прво, добро је знао да нема снаге неопходне за устајање, а друго, то ничему не би послужило: и ако би се, некаквим чудом, нашао на ногама, одавде ни на који начин не би могао да се извуче нити да се, без туђе помоћи, домогне куће.

Рукама је грозничаво опипавао и на тај начин истраживао, боље речено препознавао, терен под собом. Било је ту прашине, иситњене одроњене земље и опалог, мање или више трулог лишћа – констатовао је додиром својих прстију – али, сада је то било споредно. Важно је било сместити се као у постељи, избегнути ову или ону избочину под собом, а при томе, ако је могуће, глави обезбедити некакво узвишење које ће послужити као узглавље, макар то била гола земља у виду степеника или гомила трулог лишћа.

Уместо да и сâм следи човека и себи потражи погодно место где би се као он опружио, пас је, у звучном регистру свог немузикалног грла, пронашао и почео да емитује гласове који су пре подсећали на резак, непријатан звук изазван наглим, снажним превлачењем металне оштрице – ножа, кашике – по дну празног порцуланског или челичног кухињског посуђа, а никако на псећи глас. „Ућути, молим те, Гаро", рече и испружи једну руку с намером да физичким додиром допринесе његовом смирењу. У полумраку који је био овладао, назирао је његову тамну прилику како се врти и мота напред-назад и по томе знао да је веома узнемирен. Као да је слутио неко зло, или чуо гласове и поруке недоступне људском слуху. Кад му се Теова рука нађе на потиљку, успе да на тренутак пригуши цвиљење да би му чељусти – посредством додира Тео је то осећао – опет уздрхтале и, попут мехова ислужене хармонике, наставиле са неподношљивим тоновима. Чинило се да је тим реским, звучним сигналима, упозоравао на опасност. Не само на ову, тренутну и индивидуалну – опасност по Теа. На опасност уопште.

Ако је икад био у стању да се љути на свога пса, било је то у овом тренутку: нервирале су га асоцијације које је својим цвиљењем изазивао. Каква опасност, кад опасности више нема нити је може бити? Сада је време да се све равња као што се, након такмичарског скока удаљ, равњачом поравњава песак разбацан скакачевим удовима. Удовољивши телу, тако што му је пронашао најбољи од свих могућих положаја под овом смоквом, рачунао је на опуштање, предавање, равнодушност. На прихватање свега што предстоји. Ако је његов одлазак био извесност – а био је – хтео је да се то деси на неупадљив, пристојан, чак, колико је, под овим околностима, то уопште било могуће, на достојанствен начин. Није рачунао на опструкцију пса с којим је до малочас у свему тако добро сарађивао. Та животиња као да је, овога пута изузетно, хтела да му покаже да и она има своје, од његове личности независно Ја. „Зар сада, Гаро, да ме изневериш?" рече. „Тâ, ништа више од тебе ја не захтевам но да се понашаш као да, рецимо, одлазим у обичну шетњу. И као да ћу за који сат опет бити ту, поред тебе. Да заједно шетамо и причамо."

Али – није само пас био у питању. И неке друге, необјашњиве силе, нису му дозвољавале да тек тако, на једноставан начин оде. Неке су га малтене вукле за рукав у настојању да га по сваку цену задрже овде, под овом смоквом, у овом Уточишту. Рецимо, ти сигнали тууу… тууу, које је, однекуд – откуд? – почело да емитује његово тело. Како глупа помисао! Па то су позивни звучни сигнали из телефонске слушалице чије присуство јасно осећа у доњем, десном џепу своје јакне. Посегну десном, слободном руком – лева је још увек почивала на гребену Гариног врата – да је узме. Рука му, међутим, најпре у рамену а потом и у лакатном зглобу, пружи неочекивани отпор. Савлада он то и сад је, коначно, врховима отежалих прстију најпре дотакао а потом обухватио ту четвртасту, дугуљасту стварчицу. Борио се с временом, морао је: истицало је. То његова ћерка зове. Тууу. Да се са својим родитељима чује. Успео је да се домогне те направе, слушалице, да је, онако закривљену у доњем делу, извуче заједно са џепном поставом, од те поставе – срећом свилене – отргне и сад је, чврсто стегнуту десном шаком, приносио лицу. „Хало", каже превремено, трудећи се да му глас звучи што лежерније. То 'хало' тежи као омањи џакчић песка. „Хало", има он снаге, јер још је у додиру са својом Земљом која га напаја енергијом. Нагло скида леву руку с гребена Гариног врата – како се одмах није сетио тога – и притиском на укључно дугме активира телефонску везу. „Добро сам, ако ме то питаш, (нема времена за уводни део), и мајка ти је добро."

Ипак, жељан је да још једном, последњи пут свакако, чује глас своје ћерке због чега јој, малом паузом, даје прилику да нешто каже. Истовремено, дубоко удише ваздух како би, снабдевен кисеоником, без застоја могао да изговори већ сковане, њој намењене реченице: „Не брини за нас. Ма шта се догодило, не одступај. Вежбај. Истрај."

„Хало, мали, јеси ли се коначно опаметио?" чује се саркастично интониран – или се њему тако чини – мушки глас.

Наопако с тим новотаријама, с тим бежичним телефонима! Али, зашто Жанкиног гласа нема? „Кажи нешто, ћери, кажи брзо. Крени. Сад. Хајде. Не осврћи се на то што нам се неко меша у везу", мрмља Тео.

„Кад ти Велики затражи Земљу, не опири се; дај је. Јер ћеш је, у сваком случају, на крају дати", исти, претходни, саркастични глас по другу пут упада у успостављену телефонску везу.

„Ја са својом ћерком хоћу да разговарам. Хало, Жанка, хало. Јави се. Ко нам се то, побогу, меша у разговор?"

„Оставите ћерку сада", после кратке паузе чује други, веома му познат глас. У сваком случају не онај малопређашњи, потцењивачки, који се спрдао са њим. Као да је – тамо негде – слушалица из једних, прешла у друге, озбиљније, поштовања вредне руке. „Нисте са својом ћерком у вези. Овде ваш северни сусед. Дајте, као озбиљни људи, озбиљно, о кући и плацу да разговарамо. Тако ћете и њој помоћи."

Тео би да нешто каже али, одједном, нема довољно снаге за то. Као да му је некаква тврда нога, свом тежином дозлабога масивног тела чији је део, налегла на вратне пршљенове. Уместо речи, из грла му се чује гргоћтање: „Грр... грр... хррр." Ипак, разум га служи. Свега је свестан.

„Да вам отворено кажем, мени се то ваше претерано размишљање не свиђа", изричит је северни сусед.

„Грр... хрр."

„Оно ремети много тога. Не само мени лично. Мој, али и кредибилитет моје фирме, доводи у питање. Знате ли ви шта то значи?"

„Грр... хрр."

„Ако до сутра у подне не кажете 'да', неће бити добро. Ни за вас ни за вашу ћерку, која, засада, о томе ништа не зна. Њен даљи боравак у фестивалском кампу и – уопште – могућност да учествује у такмичењима на Фестивалу, зависи од вашег одговара. Запамтите то. Јесте ли ме разумели? Питам, јесте ли ме разумели?"

„Агррр... ахррр", чује се из Теовог грла, што би, ако се хоће, могло да се разуме и као 'аха'. Потврдан одговор, дакле.

Уследила је кратка пауза након које се – Теово 'аха', изгледа, није било довољно убедљиво –

сти, претходни, саркастични глас по другн пут пада у успостављену телефонску везу.

„Ја са својом ћерком хоћу да разговарам. Хало, Канка, хало. Јави се. Ко нам се то, побогу, меша разговор?"

„Оставите ћерку сада", после кратке паузе чује други, веома му познат глас. У сваком случају не онај малопређашњи, потцењивачки, који се спрдао а њим. Као да је – тамо негде – слушалица из једних, прешла у друге, озбиљније, поштовања вредне руке. „Нисте са својом ћерком у вези. Овде ваш верни сусед. Дајте, као озбиљни људи, озбиљно, кући и плацу да разговарамо. Тако ћете и њој помоћи."

Тео би да нешто каже али, одједном, нема довољно снаге за то. Као да му је некаква тврда нога, свом тежином дозлабога масивног тела чији је део, налегла на вратне пршљенове. Уместо речи, из грла му се чује гргутање: „Грр... грр... хррр." Ипак, разум га служи. Свега је свестан.

„Да вам отворено кажем, мени се то ваше прерано размишљање не свиђа", изричит је северни сусед.

„Грр... хрр."

„Оно ремети много тога. Не само мени лично. Мој, али и кредибилитет моје фирме, доводи у питање. Знате ли ви шта то значи?"

„Грр... хрр."

„Ако до сутра у подне не кажете 'да', неће бити добро. Ни за вас ни за вашу ћерку, која, засада, о томе ништа не зна. Њен даљи боравак у фестивалском кампу и – уопште – могућност да учествује у такмичењима на Фестивалу, зависи од вашег договора. Запамтите то. Јесте ли ме разумели? Питам, јесте ли ме разумели?"

„Агррр... ахррр", чује се из Теовог грла, што би, ако се хоће, могло да се разуме и као 'аха'. Потврдан одговор, дакле.

Уследила је кратка пауза након које се – Теово 'аха', изгледа, није било довољно убедљиво –

РЕФЛЕКТОР

Када се те вечери пробудила, Вера се, зачудо, осећала сасвим добро. Мада медикаментима подстакнут и дуго одржаван, вишечасовни минули сан јој је даривао тако потребно и дуго прижељкивано окрепљење. У међувремену, од поднева, када је у Теовом присуству попила таблету седатива, будила се више пута и попила још једну. Током првог дела свог боравка у кревету – током поднева и поподнева – чула је како он бар два пута пролази поред врата девојачке собе и ту, чинило јој се, застајкује и ослушкује. Све то се догађало по дневном светлу; с наиласком вечери и мрака није га више чула па се сасвим опустила и предала правом, дубоком, окрепљујућем сну.

Коначно пробуђена, знала је да је прилично касно, али се због тога није бринула: бар за данас, није имала неку посебну обавезу. Ако је због нечега требало да се брине било је то завијање пса које ју је – није сигурна – вероватно пробудило. Допирало је, не из правца његове кућице одакле би, ако до сада није добио свој вечерњи оброк, имао право да се 'буни', већ из правца 'брда', места на коме у ово доба никако не би смео да се налази, осим ако га тамо, из ко зна каквог разлога, није повео Тео.

Завијање је било упорно и без прекида, пас се повремено скоро гушио као да рида, час цвилећи а час подражавајући људско запомагање. Вера скочи: ако је Тео с њим, пас нипошто не би имао разлога, не би смео да завија, не поготову на тако узнемиравајући начин. Тако нешто Тео, сигурно, не би дозволио.

Не палећи сијалицу, поче да се облачи на брзину. Градско светло, рефлектовано посредним путем – ниска облачност доприносила је томе – чинило је, поготову за њене на мрак прилагођене очи, предмете у соби видљивим таман колико јој је то било потребно.

Једног тренутка, међутим – била је при крају облачења – нешто као да бљесну. Муња? У ово доба године није им било време, али никад се не зна. Ослушну настојећи да, сем завијања пса и упркос њему, чује и неке друге звукове, можда грмљавину. Али није било потребно да се даље труди, „негде с неба", уместо тренутног бљеска, сину јарка, снажна, континуирана светлост чији је сноп, прелетевши и преко прозора девојачке собе, принуди да на тренутак снажно затвори очи. Инстинктивно, она викну: „Тео", а затим врисну из свег гласа: „Теодоре." Али не доби одговор. Истовремено, мистериозна светлост и по други пут прелете преко прозора и поче да титра дуж унутрашњег кућног зида и задњег дела дворишта. Правила је неку врсту цик-цак резова тамо-амо а повремено прелетала од врха до подножја 'брда' и натраг. Њен извор налазио се неприродно високо због чега јој се чинило да „виси с неба." На срећу, и поред много разлога за неко натприродно, мистично, Вера извору те светлости у трен откри право, реално објашњење: рефлектор. Онакав какви – пет у круг плус један у средини, далеко мање снаге, разуме се – чине светлосни ансамбл којим је не једном, асистирајући при хируршким захватима, подешавала светлосни сноп ка правом месту на операционом столу. То откриће скоро је спаси. Иначе би – објашњаваће касније – те вечери сигурно пресвисла од страха и избезумљености. Но и поред тога, да поподневног окрепљујућег сна није било, овом приликом би се с њеним разумом „нешто свакако морало догодити."

Из девојачке собе изађе у предсобље. Иако је било очигледно да Тео, код оволиког Гариног завијања, не може бити у кући а да не реагује, она га и по други пут, за сваки случај, позва из предсобља: „Теодоре, где си." Ослушну секунду-две, а потом, промењеним, овога пута преклињућим гласом, упућеном више себи но њему, додаде: „Одазови се, ако Бога знаш." Сада је коначно била сугурна да Тео није у кући па одлучи да крене напоље и потражи га. Излазна врата била су затворена. Пажљиво их одшкрину и кроз тако начињени, најпре уски а потом нешто шири отвор, осмотри леви део веранде, онај на коме се налазио округли сточић и, уз њега, три столице. Кад у наредном тренутку светлосни сноп прелете овим правцем, она чак успе да запази и стару корпу у којој су из подрума обично доносили кромпир, лук или шаргарепу.

Даљим осматрањем закључи да је овај зид куће, захваљујући дубини надстрешнице над верандом, недоступан не само директном светлу рефлектора, већ и погледу оног ко њиме рукује. Очигледно, могла је да изађе напоље без бојазни да ће бити примећена. Зажмуривши, да прилагоди очи новом светлосном амбијенту, нагло отвори врата и искорачи преко прага.

Сад је стајала напољу, у дну веранде, уз сам северни зид куће, одакле је имала далеко бољи преглед ситуације но кроз отвор у вратима. Морала је, разуме се, да води рачуна да којим случајем не пређе критичну црту, обележену повремено видљивом, краткотрајном границом између светлости и сенке: с друге стране те црте, вребала је опасност да, изненада, буде осветљена и тако њено присуство на веранди откривено. Међутим, као што они, због постојеће надстрешнице, нису на овом месту могли да је осветле и уоче, тако ни она, бар из стојећег положаја, није одавде могла да види и проучи место с њиховим рефлектором. А то јој се у овом тренутку, како би се одлучила на свој следећи корак у трагању за Теом, чинило неопходним. Зато се саже и тако, скоро клечећи, према вечерњем небу осветљеном индиректним градским светлима, после дужег пажљивог разгледања, успе да разазна обрисе трију истоветних снажних хидрауличних аутодизалица, прецизније: обрисе њихових витких, високо у небо винутих кранова – јер доњи построј се, из угла њеног посматрања, није дао сагледати. Прва је била смештена на северној страни, оној чији је нови власник био заинтересован за куповину њихове куће, а по једна у двориштима како источног тако и западног суседа. Свака од дизалица, при врху свога крана, имала је по једну 'корпу' намењену људском особљу и опреми, а само из једне од њих бљештао је рефлектор. Судећи по силуети неког човека у 'корпи' са западне стране, и обрису неидентификованог предмета који се назирао поред његове главе (камера?), изгледа да су сцене осветљаване рефлектором непосредно снимане, ако, из неког разлога, није вршен и њихов пренос.

Док је то посматрала, напрегнута и сва у грчу због клечања, Гара је – свакако осетивши њено присуство на веранди – неочекивано напустио свој досадашњи положај и кренуо овамо. Закључила је то по све јачем, приближавајућем тону његовог завијања и цвиљења јер га није видела, а сигурно га не би ни видела да га у стопу није пратио светлосни сноп рефлектора. Имала је утисак да је руковалац тим рефлектором био решен да га пошто--пото не испусти из свог бљештавог круга управо због чињенице што га је, једном откривеног – а пас је вечерас, изгледа, био у центру пажње „оних горе" – онако црнодлаког у ноћном амбијенту, било тешко поново уочити и идентификовати.

И ту надстрешница над верандом одигра своју, као за ову вечер грађену улогу: кад пас умаче испод ње, светлосни сноп се, онемогућен да га даље прати, заустави на месту његовог ишчезнућа. Али 'заустави' није права реч за оно што ће се десити: светлосни сноп је, око места Гариног нестанка, започео неку врсту нервозног, а ипак плеса пуног ритма, шарајући оштрим и наглим праволинијским потезима од левог до десног угла веранде, у очигледном настојању да пса, кад и ако се врати, поново „шчепа у загрљај."

На своју срећу, на тај тренутак није морао дуго да чека.

Дошавши до Вере, Гара подви предње ноге и положи губицу уз њена стопала. Она је већ била устала и премишљала се шта да чини, у ствари, како да у овим условима настави трагање за Теом. Једнако цвилећи и скумлачући, пас подиже главу према њој а потом окрену према месту одакле је дошао. „Шта, Гаро, шта се десило?" с руком на његовом потиљку упита она, мада је, после свега, слутила одговор и знала на коју страну да крене: ону, одакле је дошао Гара. Преостајало је само питање: у ком моменту, јер јој је било неприхватљиво да и сама, као пас малочас, буде на мети „бескрупулозних светлосних силеџија."

НАДГЛЕДАЊЕ

И са предње стране Теове куће, истовремено са овима с њене дворишне стране, текли су догађаји који ће се убрзо стопити и до краја са овим другим чинити једну целину. Привучени необичним и, за центар града, неуобичајеним светлосним ефектима, са улице јасно видљивим узнад крова али и с десне стране куће, пред капијом се беше искупила повећа гомила радозналих људи. Међу њима је било и случајних пролазника или шетача, али највише оних који су се, како узгледа, ту налазили још од раних часова поподнева, не искључујући ни неколицину њих које је судски курир назвао багром и одстранио од капије.

Тренутак Гариног приближавања веранди, мада с друге стране куће, није могао да промакне њиховој пажњи. Ако претходно дуго и болно завијање, због растојања од стотину и нешто метара у односу на тротоар испред капије где су били, није могло до њих да допре са места где се пас првобитно налазио, сада је, његовим приближавањем веранди – па, дакле, и њима – тај разлог отпао. Истина, ни ово ново растојање није било тако мало, нити је акустична препрека између пса и слушача – габарит Теове куће – била уклоњена, али сада су, што се раздаљине тиче, постојали релативно добри услови да ови људи, ако би утихнули гласни коментари најнеобузданијих (најемотивнијих?) међу њима, чују завијање и – сада – цвиљење пса с друге, дворишне стране куће.

Када је руковалац рефлектором, љут због Гариног нестанка под надстрешницом веранде, започео сумануту светлосну игру с горње стране зграде, на тротоару испред капије спонтано наста тајац. Неколицина – свакако они најбољег слуха – уздигнутим кажипрстом дадоше знак за тишину. Мало ко од присутних у том тренутку није чуо потресно завијање и цвиљење избезумљеног кучета. А зна се шта је цвиљење пса из тог правца могло да значи. Било је истинито само оно што је било објављено![5]

На делу је, дакле, онај (пензионисани судија) који тамани птице и мучи домаће животиње. Псе, поготову. Неко, гласом пуним набоја, руке испружене према кући која се назирала кроз металне орнаменте капије, рече: „Срамота од нас да то слушамо а ништа не чинимо." „Као да нисмо људи", надовеза се његов сусед. „Јадно кученце", чу се нечији пискутав уздах.

Знало се међу њима, о томе се вечерас овде отворено говорило, да је Извршни савет Заједнице градских општина коначно реаговао на извештавања мас-медија – узвојио одлуку којом се предвиђа даноноћно надгледање над двориштем настраног судије. Предупредити и, евентуално – ради могућег предузимања одговарајућих наредних корака – регистровати злостављање црног пса и других животиња, укључујући ту и птице, прокламовани је циљ те необичне мере. Иако је званични предлагач Друштво за заштиту животиња од свирепости, јавна тајна је била да су такву одлуку хтели један или двојица, највише тројица, у Граду најбогатијих и најмоћнијих људи без чијих је донација незамисливо нормално функционисање највиших органа власти – Заједнице градских општина и њеног Извршног савета, у првом реду.

Окупљени су гледали у правцу куће Зарићевих. На њој вечерас ниједан прозор није био осветљен.

---

[5] Борхес: Утопија уморног човека.

Спољно, кућно светло над улазним вратима, које је одувек у ово доба горело, такође је било угашено. Стога се лица присутних нису видела па је, на махове, изгледало да то сенке разговарају једна с другом.

„Хеј, људи, јесте ли чули шта у Дневнику за тог типа ономад рече Васа Хаџић?"

„Доста је власт ћутала и понашала се као да не зна шта се догађа *тамо*."

„Као да је ова кућа на некој другој планети до које се стиже свемирским бродом."

„Чекало се, изгледа, да писци, песници, филозофи, да лекари и друге умне главе, да људи од акције проговоре, како би се напокон нешто предузело."

„Ипак, боље икад, него никад."

„Сад, кад је почело – а крајње време је било да почне – ваља бити одлучан. Нипошто стати на пола пута."

„Док та жгадија не буде истерана..."

„Не брини, тај који је то покренуо зна са ким има посла. Ту жгадију ће истерати на чистину да би смо се са њом лакше обрачунали."

Били су помало љути на Телевизију што *ово* није унапред најавила. Или што се догађај директно, уживо, не преноси „да се не би гурали овде."

„Где је та господа са камерама? Да нас осветле и од нас, појединачно, чују мишљење о *психопати* који се крије *тамо*. Каква би то анкета била! Имали бисмо, у њихов микрофон, да кажемо много тога што они ни издалека нису у стању да смисле и у својим стидљивим коментарима рекну. Па то је... па то је... звер над зверовима."

Властима је замерано што је акција *надгледања* започета изненада. „Хтели су тог типа да изненаде", мало прегласно, стиже из неких уста правдање таквог поступка, „да га, можда, у самом старту 'уцмекају'."

„Јадно кученце", заваји опет пискутави глас с почетка ових 'разговора' кад из правца куће Зарићевих поново допре још неколико 'нота' Гариног завијања. Тешко је било том гласу не удовољити. Само људи тврда срца могли су о њега да се оглуше и не учине ништа за спас 'јадног кученцета.'

Један од оних који досад ни реч није проговорио, тихим гласом замоли најближе себи да му направе место уз капију. Истог тренутка, уз топлу предусретљивост, то му би испуњено. Десним раменом и горњим делом тела он у пешачку вратницу груну тако јако да ова не само што се отвори, већ се, ударивши о унутрашњи део носећег бетонског стуба, поново врати у скоро првобитни положај. Да је није дочекао својим телом, вероватно би се опет затворила.

Прва тројица уђоше истовремено, скоро се гурајући међу собом. Међутим, не кренуше одмах напред. Чекали су, на бетонском платоу с унутрашње стране капије, не би ли им се још неко придружио. Ускоро, бар двадесетак, ако не и тридесетак њих, не искључујући могућност да их је било и више, углавном млађих људи, беху унутра. Храбрећи се и погуркујући се узајамно, после краћег оклевања кренуше према кући. Пошто је бетонска стаза била преуска за све њих, већина се задовољи травњаком. Новоформирана група због тога се расплину а потом преобрази у живу покретну траку – негде двоструку а негде троструку – која се, напредујући благом узбрдицом, протезала целом ширином западног дела Теовог дворишта. И, како су се кретали напред, завијање пса је људима све више парало уши и све више их подстицало на акцију.

Јер Гара је, не хајући за праве разлоге онако жустрог, скоро бесомучног титрања заслепљујућег светлосног снопа око веранде, у неколико махова истрчавао ван надстрешнице да би се истог тренутка, као „у инат оном горе", враћао натраг, све време завијајући и цвилећи као да га неко убада ножем. Као да је на тај начин, узастопним а безопасним пресецањем граничне црте између светлости и сенке, својим примером хтео да охрабри и из привременог заклона на светлост рефлектора измами Веру, приволи је да за њим крене према месту одакле је, кратко време пре тога, сам до ње дојурио.

Сачекати још који тренутак или, за псом, кренути одмах? Нити је пас хтео без ње, нити светлосни круг без пса. Докле ће то да траје? Најгоре што је сада могла да чини, било је да не чини ништа. Сваки тренутак изгубљен у колебању, могао је да значи – зависно од стања у коме се налази – крај за Теа.

Фронт оних који су се приближавали задњем делу дворишта – оних најближих кући – сада је био на око петнаестак корака од десног дела веранде, а остали из тог фронта, они из његовог средишњег и дела према десном крају, сразмерно даље. Као по неком неписаном а добро знаном правилу о једнаким, или бар приближним условима за све радознале, најближи веранди застадоше, они до њих успорише, њихови суседи из средине пожурише, а они најдаљи, који су били уз саму десну ивицу плаца, сасвим убрзаше. Тако се права линија њиховог претходног пешачког строја, попут неког гломазног живог организма, пробрази у неправилан полукруг, на пристојном растојању око простора резервисаног за текућу светлосну игру рефлектора. Неки су се успут саплитали (више због почетне збуњености и неналажљивости но због постојања стварних препрека на овом делу њиховог пута), било је и падова – сасвим безопасних, разуме се – али, коначно, сви који су то желели или су се стицајем околности овде нашли, сада су, мање-више, били ту, на месту догађаја, у јединственој прилици да виде, чују, сазнају много тога о чему на други начин не би сазнали ништа.

ОТВОРЕНА СЦЕНА

Призор који их је очекивао није, нажалост, ни по чему био изузетан. Огољена површина бетонског тротоара и платоа у наставку веранде и подрхтавајући светлосни круг над њом, било је све што су у првом тренутку могли да виде. Да није било онога што су чули – цвиљење пса – њихово разочарење било би потпуно.

Цвиљење је допирао из, истина отвореног, али простора затамњеног до те мере да у први мах нису могли да одгонетну о чему се ради. Неизвесност не потраја дуго а из тог полумрака, као да се котрља, истрча црни пас и на тренутак се нађе на бетонском платоу. Његово појављивање било је кратко, толико кратко да га неки, онако црног, нису ни видели. Животиња се истог тренутка окрену и опет нађе у сенци веранде. Овога пута, међутим, очи посматрача биле су прилагођене новим светлосним условима, у стању да према беличастој површини кућног зида разазнају обрисе женске фигуре. Уследила је кратка неизвесност, да би се од те фигуре пас поново одвојио и поново нашао на бетонској површини, а затим опет изгубио натраг. И тада, након што јој се пас још једном – трећи пут заредом – врати, она се фигура покрену и закорачи према светлосном кругу рефлектора.

Тренутак касније – видели су – једна постарија жена, не баш уредно зачешљане косе (неки од њих су знали а неки ће тек сазнати да је то жена оног судије), изрони из полусенке веранде. Корачала је несигурно, чак је, силазећи са веранде на нижи бетонски плато, посрнула, као да за постојећи степеник није знала. Гледала је неодређено напред, не непосредно пред собом, остављајући утисак да се креће 'на слепо'. Строго је следила црнодлаког пса од кога су – сад је то сваком било јасно – потицали сви они потресни гласови завијања и цвиљења који су их овамо намамили.

Повремено истрчавајући по неколико метара напред и хитро се враћајући према жени, тај пас је на очигледан начин манифестовао чињеницу да је овога пута он водич и, истовремено, да његово цвиљење није узроковано неким спољним физичким чином – ударцима на пример – што је у овом дворишту било *нормално* очекивати. Светлосни круг који их је чинио видљивим померао се, као на отвореној сцени, у истом смеру заједно с њима, тако да се поуздано није могло закључити ко овде кога води: да ли светлосни круг пса и жену, или они њега. Било како било, уколико су желели да прате даљи ток догађаја – а желели су – посматрачи су морали да се одрекну свог већ освојеног угодног положаја и опет крену напред. Цело то време, разуме се, водили су рачуна да не зађу у светлосну зону у којој би, радознали а нестрпљиви, лако могли да буду примећени од „оних горе" и тако од посматрача постали посматрани – уколико се не би десило нешто горе: гашење рефлектора.

Жена испред њих нешто је сама са собом, или са псом, говорила. Они је, међутим, нису могли разумети, не толико због растојања које их је делило и псеће галаме, колико стога што је била окренута на другу страну и што јој је говорење само по себи било неразговетно и праћено дугим јецајима. Прешли су целу ширину куће, потом – једнако предвођени псом и женом – скренули мало улево, обишли једно велико а затим једно мало стабло и неки густи мрачни грм. Била је то свакако ружа јер неко, вероватно се повредивши на њене бодље, полугласно јетко опсова: „У материну."

У светлосном млазу пред њима се тада указаше први метри терена у успону. Овде је почињало 'брдо'. Видели су – јасније но док су се кретали у истом нивоу – како су, најпре пас а за њим жена, кренули уз тај успон. Непрекидно их држећи на оку, сада су – тло им је овде било сасвим непредвидљиво – далеко теже одржавали потребно растојање: остаци Теовог повртњака на том месту, који на време није обран и поравњан па зато пун неравнина и којекаквих препрека од дрвених притки и заосталих сувих стабљика парадајза и других биљака, био је разлог томе. Неки су почели да негодују: „Шта нам је требало ово?" Није то било *оно* што су очекивали. Као да их је тамо неко правио будалама. Хтели су да спрече злочин, учине добро дело, а испало је нешто друго. Нешто – као да они чине злочин. Ко зна колико њих би се из истих стопа окренуло и вратило на улицу, а колико наставило даље, да једног тренутка не чуше врисак који им врати оптимизам. Жену у том тренутку нису видели, нису видели ни пса, али су били сигурни да је то био њен врисак: понешто од боје њеног гласа већ су упознали. Дотле динамични и, наизглед, незаустављив светлосни млаз, сада је мировао изнад ониског дрвета густе а широке крошње, вероватно смокве. Испод ње су се, заклоњени њеном сенком, свакако налазили пас и жена.

Сви до последњег пажњу усмерише у том правцу.

Скоро два минута – за овакве прилике време бескрајно дуго – отуда се ништа није чуло, не бар на растојању на коме су се они налазили. Истина, нешто је из тог правца као роморило и шушкало, али то је могло да буде, на благом поветарцу који се осећао, и шуштање лишћа или трење гране о грану, не само из крошње тог већ и других околних стабала. У том ишчекивању, глас оне жене „Теодоре, Тео, Тешо", са немалим паузама између појединих речи, скоро их ошамути. Тако су сазнали да је домаћин ове куће најзад пронађен, али не и у каквом стању. Судећи по оном гласу и шумовима који су га пратили (плач?), било је сасвим вероватно да бивши судија више није у животу.

Суочени с таквом могућношћу, неки окренуше леђа смоквином дрвету и, брже-боље, пожурише према другој, уличној страни куће. То као да унесе још већу пометњу међу осталима. Осипање првобитне скупине нагло поче. Неки су са тог места бежали, као да је уклето, саплитали се, падали. Било је чак и повреда, нимало наивних: два ишчашења.

Наступио је мучан тренутак. Ваљало је брзо се одлучити: остати тамо где си, кукавички побећи натраг за већином, или се огласити и усамљеној старој жени понудити, у овом тренутку тако потребну помоћ. Свака од варијанти имала је своје предности али и своје недостатке. Не мале. Бирали су. Мало је оних који су изабрали ово последње. Према накнадном Верином присећању, таквих је било тек тројица, највише петорица. Зар је у оној пометњи на тај податак могла да мисли?[6]

---

[6] Према тврђењу Момира Станисављевића, педесетогодишњег наставника ликовне културе, само су он и његови синови, Иван и Славиша, „прискочили у помоћ несрећној госпођи". Иван је мушки фризер а „стари судија му је био стална муштерија". Управо у вези с том околношћу њих тројица су се нашли у оној „нимало симпатичној скупини радозналих уљеза". Тео је, наиме, два дана пре критичне вечери, телефоном позвао Ивана својој кући ради подшишивања; рекао му је да због оскудице у времену, неће стићи да, као раније, дође до фризернице „а јако му је стало да, поводом неког значајног догађаја, (састанка са новинарима?), буде подшишан." Позваноме је дао адресу своје куће и објаснио му како да лакше уђе на капију.

Иван је позив нерадо прихватио: радња му је на добром гласу и увек пуна муштерија. Њеним напуштањем у току дана штетио би и себи и њима. Стога је било договорено да Теовој кући оде после истека радног времена, што значи касно навече.

„А како смо Славиша и ја одраније намеравали да разгледамо излог једне специјализоване робне куће металне галантерије која се налази недалеко од судијине куће", испричао је Момир – а завршне странице овог рукописа до-

У сваком случају, јадног тренутка она је постала свесна да поред свог мртвог мужа није сама. Да у близини има људи. Није их, додуше, видела, али је била готово сигурна – на основу неких шумова, шта ли? – у њихово блиско присуство. Осећала их је, знала да су ту, на који корак од ње. Ма колико збуњена таквим сазнањем, била је, у својој беспомоћности и усамљености, њиме охрабрена: имала је коме да се обрати. Уосталом, какво би веће зло могло да је снађе од оног које ју је већ било снашло.

„Људи, о, људи", заваšила је. „Помозите. Убили су ми Теа. Дођите. Пружите ми руку. Људи, где сте? Преклињем вас, јавите се. Зашто ћутите?" Тим речима је, присећаће се – а то присећање уграђено је у крај ове приповести – те људе звала у помоћ. Свој позив поновила је не зна колико пута, али није викала. Била је полугласна „да је они горе не би чули." И, изгледа нису, или су се „правили да нису."

Нешто касније, кад се на рукама неколицине младих људи, из сенке робусне смокве помоли, са седом главом напред, беживотно и испијено тело старог судије, светло рефлектора нагло утрну. Около завлада мрак, тако густ да је даље кретање постало незамисливо. Било је то као да је наступио сам смак Града. У потпуној тишини, коју је Гарино испрекидано, реско цвиљење још више исти-

---

брим делом се заснивају на његовом и казивању његових синова – „искористили смо прилику да у истом правцу пођемо заједно са Иваном. Тако се догодило да се, у трагању за том кућом, сва тројица нађемо пред њом када је тамо било подоста људи, а са улице се, повише њеног крова, видели одбљесци јаке светлости рефлектора. Проценивши ситуацију, Славиша и ја смо Ивану саветовали да одустане од заказаног подшишивања. Он је, међутим, био решен да се, пошто-пото, на судијин позив одазове. Ми, опет, под оваквим околностима нисмо били вољни да га пустимо самог, и, ето, правог разлога да се нешто касније сва тројица, такорећи породично, нађемо унутра".

цало, чинило се да се чује дисање и сашаптавање „оних горе." Али и „ових доле." Ови доле имали су око чега да се сашаптавају: са Теовим телом на рукама, већали су: како даље? Одлучише да, упркос мраку, започето преношење ни за тренутак не прекидају. Да га, макар према покојниковој кући напредовали сантиметар по сантиметар, наставе из истих стопа. Јер – знали су, добро су знали, да ни тај мрак, као сваки мрак уосталом, по самој природи ствари, неће, не може дуго.

САДРЖАЈ

Пре почетка 7

ПРВИ ДЕО
СУДИЈУ КАМЕНУЈУ

Прва каменица 11
Прва вест. Деманти 21
Потрага за именом 25
Нова каменица 33
Лавља шапа и ајкулин зуб 34
Одјек и одјека одјек 36
Пријатељ (I) 43
Шугаво куче 46
Свеска материјалних доказа 49
Одложно дејство 54
Куда са мртвим птицама 57
Садиста 60
Пријатељ (II) 66
Гађачи 71
Писмо 80
Слике у новинама 83
Оптужба са екрана 87
О мотивима једног писца 91
Ручак у врту. Хеликоптер 94
За столом у врту, после ручка 98
Злослутна вест 104
Изнуђени корак 108

ДРУГИ ДЕО
СУДИЈИ ОДБРОЈАВАЈУ

Северни сусед 119
Улога за Гару 126
Пријатељ (III) 131
Петиција 137
Глумац 139
Голуб који лежи 142
Тврђава 146
Телефонски позив 151
Преиспитивање 154
Судска пошиљка 158
Гарина територија 162
Знак распознавања 166
Потпис 170
Трећи напад 175
Последња шетња 180
Уточиште 190
Рефлектор 197
Надгледање 202
Отворена сцена 207

Издавачко предузеће
РАД
Београд, Дечанска 12

*

Главни уредник
НОВИЦА ТАДИЋ

*

Лектор и коректор
МИРОСЛАВА СТОЈКОВИЋ

*

Припрема текста
Графички студио РАД

*

За издавача
СИМОН СИМОНОВИЋ

*

Штампа
НИГП „Радојковић", Смедерево

CIP – Каталогизација у публикацији
Народна библиотека Србије, Београд

886.1-31

ЗЛАТКОВИЋ, Витко
  Пројекат : дводелни приказ једног уморства извршног посредством масмедија / Витко Златковић. – Београд : Рад, 2000 (Смедерево : НИГП „Радојковић"). – 213 стр. ; 21 cm.

ISBN 86-09-00704-9

ИД=86207244

www.ingramcontent.com/pod-product-compliance
Lightning Source LLC
Chambersburg PA
CBHW071703090426
42738CB00009B/1639